本研究系南京晓庄学院申硕高质量科研成果资助项目，并受到国家自然科学基金项目：企业国际化能力跃迁机制与路径——基于知识导向与制度距离视角的研究（批准号：71272097）、产权性质与企业技术创新——基于心理所有权匹配的跨层次研究（批准号：71672083）资助

高管团队海外经历对中国企业跨国并购绩效的影响研究

梅锦萍　著

Wuhan University Press
武汉大学出版社

图书在版编目(CIP)数据

高管团队海外经历对中国企业跨国并购绩效的影响研究/梅锦萍著.
—武汉：武汉大学出版社，2022.3
ISBN 978-7-307-22797-2

Ⅰ.高…　Ⅱ.梅…　Ⅲ.企业兼并-跨国兼并-经济绩效-研究-中国
Ⅳ.F279.247

中国版本图书馆CIP数据核字(2021)第263872号

责任编辑：周媛媛　　　　责任校对：孟令玲　　　　版式设计：天　韵

出版发行：**武汉大学出版社**　　（430072　武昌　珞珈山）
　　　　　（电子邮箱：cbs22@whu.edu.cn　网址：www.wdp.com.cn）
印刷：三河市京兰印务有限公司
开本：710×1000　1/16　　　印张：14　　　字数：244千字
版次：2022年3月第1版　　　2022年3月第1次印刷
ISBN 978-7-307-22797-2　　　定价：58.00元

近年来，针对中国企业跨国并购规模快速增长但成功率和回报率较低的现象，学术界开始聚焦于中国企业跨国并购绩效的影响因素研究。高管团队是企业的核心决策和执行机构，在跨国并购中发挥举足轻重的作用，自 Hambrick & Mason 提出高阶理论以来，涌现出大量的关注高管团队背景特征对企业治理绩效影响的研究，但关注高管团队背景特征对中国企业跨国并购绩效影响的研究较为缺乏。伴随经济的全球化，高管团队拥有海外经历成为我国企业高管团队的重要特征之一，高管团队的海外经历能否促进中国企业跨国并购绩效？其作用的发挥有没有边界条件？现有的研究没有解决这一问题，也就是说，高管团队海外经历如何作用于我国企业跨国并购绩效的内在作用机制这一"黑箱"还没有打开。另外，现有文献对高管团队海外经历采用单一维度的测量方法，忽视了拥有海外经历的高管团队提供知识的数量和深度对跨国并购绩效影响的差异性。因此，本书将高管团队海外经历进行进一步细化，探讨高管团队海外经历的不同维度对跨国并购绩效的影响；与此同时，跨国并购战略的制定与实施效果主要通过跨国并购的短期市场反应来衡量，而并购后的整合效果主要通过长期整合绩效来衡量，现有研究往往只关注短期市场反应或长期整合效果，忽略了跨国并购过程的整体性，本书认为高管团队海外经历对中国企业跨国并购的影响机制贯穿于跨国并购的整个过程，因此有必要将其对短期市场反应和长期整合绩效的影响整合在同一框架下进行研究。

本书以高阶理论、知识基础理论为基础构建了高管团队海外经历的不同维度对跨国并购绩效影响的模型，高管团队海外经历能够通过知识提供促进跨国并购绩效，但知识嵌入高管个体中，必须整合到组织层面才能影响跨国并购绩效。从个体知识整合到团队的过程出发，本书认为对拥有海外经历的高管的激励和高管团队知识吸收能力影响高管团队海外经历对跨国并购绩效的促进作用；实证研究部分，选取 2004—2016 年中国大陆上市企业的 148 起跨国并购事件作为样本验证高管团队海外经历不同维度对跨国并购的短期市场反应和长期整合绩效的影响。研究结果显示：（1）样本企业跨国并购的短期市场反应是积极的，而长期整合绩效则存在波动性；（2）高管团队海外经历的不同维度对跨国并购绩效产生的影响存在差异性，高管团队海外经历的宽度能够显著地促进跨国并购的短期市场反应和长期整合绩效，而高管团队海外经历的深度能够显著地促进跨国并购的长期整合绩效，对跨国并购的短期市场反应促进作用则不显著；（3）高管团队知识吸收能力显著增强了高管团队海外经历宽度对跨国并购绩效的促进作用，对拥有海外经历的高管的激励显著增强了高管团队海外经历对跨国并购的短期市场反应的促进作用，但对拥有海外经历的高管的激励并没有显著增强高管团队海外经历的宽度对跨国并购长期整合绩效的促进作用。研究还发现上述研究结果在不同产权属性的企业中的适用性存在差异，也会因目标企业是否上市而有所差别。

研究结果回答了高管团队何种海外经历能够促进中国企业跨国并购不同阶段的绩效，找到了上述机制发挥作用的边界条件，弥补了对高管团队海外经历作用于中国企业跨国并购绩效机制研究的不足，也针对我国企业在跨国并购中如何充分发挥高管海外经历的作用提出了相应的建议。

目　录

第一章
绪　论

一、研究背景

从世界范围来看，自 19 世纪末 20 世纪初出现第一次大规模的并购浪潮至今，企业通过跨国并购方式实现发展壮大已有百年历史。但早期的跨国并购都是由发达国家企业主导，诺贝尔经济学奖获得者乔治·斯蒂格勒（G. J. Stigler）曾说过："几乎没有一家美国的大公司不是通过某种方式、某种程度的兼并与收购成长起来的，几乎没有一家大公司能主要依靠内部扩张成长起来。"我国企业实施海外并购起步较晚，尽管在 1984 年中银集团和华润集团联合收购了康力（香港）投资有限公司，但由于改革开放初期，我国面临着从计划经济体制向市场经济体制转型过程中出现的转型缓慢、国企改革、产权不清等一系列问题，中国企业跨国并购并没有呈现出快速发展的趋势。2001 年我国加入世界贸易组织（简称"WTO"）之后，随着国内市场经济体制的完善，对外双向开放力度的加大，我国企业开始逐步走向世界，积极参与海外经营和跨国并购。

（一）中国企业跨国并购的现状与趋势

随着世界经济一体化程度的不断加强，跨国并购（Cross – border Mergers & Acquisitions，CM&As）已经成为企业进行全球扩张、获取重要战略资源、增强国际竞争力的最重要战略决策之一。随着新兴市场经济体对外直接投资的快速发展（Yang and Deng，2017），作为对外直接投资的主要方式，跨国并购也成为新兴市场企业获取战略资产（Strategic assets）和提高国际竞争力的有效途径（Deng，2009；Rui and Yip，2008）。

20 世纪 90 年代中后期，随着我国国力的增强、技术水平的提高、财力的增加以及国际化人才储备的增多，在 2000 年 3 月第九届全国人民代表大会第

高管团队海外经历对中国企业跨国并购绩效的影响研究

三次会议召开期间，"走出去"战略正式提出，鼓励符合国外市场需求的行业有序向境外转移产能，支持有条件的企业开展海外并购，深化境外资源互利合作，提高对外承包工程和劳务合作的质量。经过数年的发展，"走出去"战略取得了显著成果。尤其是跨国并购领域，中国企业已成为全球并购交易的重要参与者，众多中国企业纷纷跨出国门，进行海外并购。据普华永道的研究报告，2012 年到 2015 年，中国大陆企业海外并购数量和金额总体呈上涨态势，2016 年是中国企业对外投资并购最为活跃的年份，共实施完成并购项目 765 起，涉及 74 个国家（地区），实际交易总额为 1353.3 亿美元，仅中国信达资产管理股份有限公司收购南洋商业银行 100% 股份交易额就达 88.8 亿美元。2017 年之后，为促使中国企业跨国并购回归理性增长，中华人民共和国国家发展和改革委员会出台一系列监管政策和管理规范（如《企业境外投资管理办法》等），从外部环境来看，海外审查和全球宏观经济不确定性持续增加，中国企业在跨国并购金额和并购数量上的增长有所放缓。但从不同行业或者不同区域来看，中国企业跨国并购依然活跃。如 2017 年，尽管在跨国并购总体金额和数量上相对于 2016 年有所回落，但制造业跨国并购金额为607.2 亿美元，是 2016 年的 2 倍，采矿业跨国并购金额 114.1 亿美元，同比增长 52.1%；2018 年，尽管跨国并购的总金额差不多只是 2016 年的一半，但中国企业对"一带一路"沿线国家的并购金额达到 100.3 亿美元，同比增长51.1%（见图 1-1）。

图 1-1　2012—2019 年中国大陆企业海外并购交易数量与交易金额

资料来源：中国对外直接投资统计公报

然而在耀眼的数字背后，不容忽视的事实是，相对于欧美发达国家，我国企业的并购成功率仍相对较低。外部环境的不确定性，以及企业并购交易本身的复杂性，使得每一桩并购案都充满风险。汤森路透和 Zephyr 数据库显示，1982 年至 2009 年中国企业宣布的海外并购案例中，最终完成的案例仅占 51.2%，这一数据不仅低于美国的 76.5%，也低于世界平均水平的 68.7%。尽管截至 2016 年，中国企业海外并购的成功率数据超过 60%，但相比欧美发达国家，仍处于较低水平。

中国企业跨国并购的困境不仅体现在成功率上，更体现在盈利状况上，例如，2004 年 TCL 集团收购汤姆逊公司，由于不了解法国劳工工资政策、并购前没有进行充分调查等原因导致并购后资金链断裂；2009 年中国铝业集团公司斥资 195 亿美元并购力拓公司（RTP），由于缺乏并购风险意识、与目标国政府的沟通少等原因成为并购中最大的输家；2012 年中国海洋石油有限公司以 151 亿美元溢价 61% 收购加拿大能源公司尼克森公司，但受当地高昂的生产成本、原住民的抗议、管道建设瓶颈以及石油价格暴跌等因素影响导致整合失败，使中海油尼克森的大部分非常规油气项目进展缓慢或处于半停业状态。

鉴于中国企业跨国并购增长率较高，但成功率、回报率较低的现象，近年来，中国企业跨国并购绩效的影响因素研究一直是战略管理领域重要的研究议题。但现有文献大部分是从宏观层面探讨影响并购绩效的原因，如跨国并购的外部环境、并购企业的特征以及跨国并购的交易特征等，忽视了对企业内部因素的考虑（李维安等，2014）。高管团队是跨国并购战略的制定者和具体实施者，是各种并购问题的直接解决者，高管的能力是影响跨国并购绩效的重要因素，高管的知识、信息和管理能力的缺乏将会有损并购绩效。根据企业跨国并购的动态过程，可以将跨国并购分为并购交易前、并购交易中和并购交易后三个阶段（Shimizu K. and M. A. Hitt，2004），高管团队的作用贯穿于跨国并购的整个过程。首先，在跨国并购前，企业决策团队如果无法获取标的方的真实信息，就无法做出正确的战略决策，如 TCL 在收购阿尔卡特手机业务后，发现阿尔卡特存在巨大的财务黑洞和文化差异，给收购带来了毁灭性的灾难；其次，在并购交易中，高管团队会面临支付方式的选择、控制权的获取等难题；最后，在并购完成之后，高管团队面临着如何实现协同的问题，东西方文化差异以及由此带来的商业文化的差异阻碍收购兼并后的整合工作，从而影响投资和整合的协同效果，如在首钢集团收购秘鲁铁矿股份有限公司事件中，高管团队与标的方工会的沟通不畅导致企业长期陷入困境中。根据 2008 年博鳌亚洲论坛上麦肯锡发布的调查数据，有 88% 的企业高管认为缺乏人才是中国企业海外并购难以成功的主要原因；2017 年凤凰国际智库对中国企业高管的访谈也表明，超过半数的高管认为缺乏并购后整合经验和相关人才以及管理层认识不足是中国企业跨国并购不能进行有效整合的重要原因。综上所述，从企业高管层面探讨其对中国企业跨国并购绩效的影响具有理论意义和实践贡献。

（二）海外高层次人才回流的意愿和数量持续增加

党的十八大以来，以习近平同志为核心的党中央明确提出"聚天下英才而用之"的战略目标，加快构建具有全球竞争力的人才制度体系，国家、地方和用人单位引才项目竞相推出，为留学归国人员提供大量就业机会和政策便利，对高层次人才的回国发展形成吸引力，海外人才的回流数量更是出现了剧增，海外人才回流的数量以年均 13% 的速度增长（见图 1-2），相当一部分海外留学人员进入本土企业的高管团队（Zweig and David, 2006），全国共有留学人员创业园 300 多个、入园企业 2.4 万家，2015 年技工贸总收入超过2800 亿元，6.7 万名留学人才在园创业；另外，根据《世界投资报告 2017》《2016 年度中国对外直接投资统计公报》的统计，2016 年中国对外直接投资（OFDI）和中国实际利用外资（FDI）金额分别为 1961.5 亿美元和 1337 亿美元，由 2015 年的全球第八位上升到第六位，中国企业的国际化使得外派管理人员增加，外商直接投资使得本土的管理者能够在跨国公司与本土企业之间流动，因此，拥有海外经历已经成为我国企业高管团队的一项重要特征。

尽管改革开放以来，我国的经济建设取得了巨大的成就，但无论是"制造型企业"还是"知识服务型企业"，它们在经济全球化浪潮中的历史使命尚未完成。"制造型企业"在核心技术、自有技术、自主创新、自有品牌等方面尚存不足，"知识服务型企业"还处于"移植并本土化"阶段，尽管可能在海外上市并凭借本土市场的规模迅速发展，但并没有完成在全球市场的崛起，因此，在这一背景下完成我国产业升级和转变经济增长模式，不仅需要土地、能源和廉价劳动力，最重要的是需要具有创新能力的优秀人才，尤其是从海外回归的高层次优秀人才。

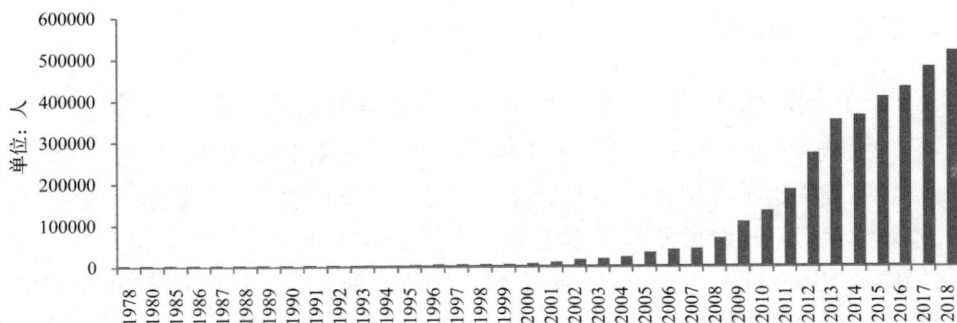

单位：人

图 1 - 2　1978—2018 年海外留学生学成归国人数

　　海归通过自身在西方学习和实践中掌握的先进技术、创业理念、商业模式、社会文化观点等，推动了国内高科技、新经济的发展，带回了新的融资方式和国际资本，能够帮助我国企业国际化和走出去。① 全球化智库对海归进行追踪，持续对海归的发展情况、趋势与问题进行分析，根据最新的调研报告，超过七成的受访者有归国意愿。② 在海归的构成方面，新生代海归（"90后"）占据了主导地位，"95后"的海归比重在逐年上升，有 1~3 年海外工作经历的海归超过半数，也不乏 10 年以上海外经历的人才回流；在留学原因方面，体验他国文化、生活，丰富个人阅历成为出国留学的主要原因；在海归的自我评价方面，近四分之三的受访海归认为其留学收获达到甚至超过预期；在海归回流地域方面，北京、上海、成都、深圳和广州对海归的吸引力最大；在海归人才的竞争力方面，中国海归的主要竞争力在于"国际化视野"而非语言，"国际化视野"来自他们在国外的这种生活、学习以及与国外的交流和融入，回国后提供的服务主要包括技术的研发和市场的开拓；在海归的就业劣势方面，主要是对国内的就业形势和企业的需求不是很了解。③

---

　　① 王辉耀，路江涌. 海归创业企业与民营企业对接合作与对比研究报告 ［M］. 北京：北京大学出版社，2012.

　　② 凯业必达（上海）网络有限公司海外华人归国意愿调查报告 ［R/OL］.（2014 - 05 - 19）
［2021 - 09 - 01］. https：//www. prnasia. com/story/97607 - 1. shtml.

　　③ 资料来源：2019 年 12 月 19 日全球化智库（CCG）与智联招聘联合在京发布的《2019 中国海归就业创业调查报告》。

二、问题的提出

（一）国际化人才缺乏是影响中国企业跨国并购绩效的"瓶颈"

《关于国民经济和社会发展第十四个五年规划和 2035 年远景目标纲要的决议》明确提出了中国企业必须全球化布局，寻找理念差、科技差、创新差、人才差、管理差、财税差等要素汇聚，形成全球资源整合。也就是说，国际化仍然是中国企业未来发展的方向。对于中国企业而言，国际化是拓宽视野、资源交换、快速发展的主要途径，"走出去"才能看到更多的经营模式、创新路径以及更先进的技术，"走出去"才能在世界范围内实现资源交换，实现产业链的优化和健康发展，"走出去"才能进入全球市场，倒逼我国企业对产品和服务的升级换代。

对于我国企业的跨国并购而言，国际化人才的短缺已成为我国企业的国际化之路的"瓶颈"，根据 2008 年博鳌亚洲论坛上麦肯锡发布的调查数据，有 88% 的企业高管认为缺乏人才是海外并购难以成功的主要原因。

首先，中国企业高管普遍缺乏世界级的领导力。在国际化进程中，多数中国企业高管无法很好地在复杂、微妙的环境中做出决策，难以了解不同文化间的细微差别，并采用相应的领导风格（陈建宏，2010）。其次，跨国并购需要精通并购知识的专业人才。他们应通晓国际贸易、国际金融、国际营销、国际企业管理和国际商法等知识，熟知海外并购业务，并能按国际惯例管理海外并购企业。此外，还必须掌握当地语言，能够熟练地运用外语处理相关业务和纠纷，熟悉当地文化习俗和社会环境，有较强的公关技能和适应能力。

国有企业特别是央企凭借其雄厚的资金实力迅速成长为跨国并购的主要力量。2006 年，我国非金融类对外直接投资总存量为 750.3 亿美元，国有企业对外直接投资存量为 600.99 亿美元，占 80.1%；2012 年，中国非金融类对外直接投资总存量达到 4354.9 亿美元，国有企业占 59.8%；2016 年，中国非金融类对外直接投资存量为 11800.5 亿美元，国有企业占 54.3%。虽然从整体上看，国有企业的占比有所下降，但仍然占据了较为主要的地位。例如，我国境外直接投资企业前 20 强中，有 16 家是央企，有 2 家是国企，民营企业仅有 2 家，中石油、中石化、中海油的海外并购金额创下了 254 亿美元的历史新高，尽管并购规模较大，但相对于民营企业，国有企业管理决策层具有长期海外经历的人才较少，以联想集团和中石油的对比为例，2012 年联想集团的外籍董事占比为 45.5%，而中石油集团的董事会中，具有长期海外并购工作经验的人才只有 1 位。

（二）拥有海外经历的高管在中国企业战略决策和管理中的作用有待进一步证实

海外经历（包括国外学习工作或者在国外企业工作）作为人力资本的一种具体表现形式，通常被认为具有良好的教育背景、专业知识技能以及海外市场、文化的嵌入。拥有海外经历的管理者进入企业的高管团队，解决了中国企业跨国并购中的高层次人才短缺的问题，随着经济全球化进程的加快，拥有海外经历已经成为中国企业高级管理者的一个重要特征。但是，拥有海外经历的高管进入高管团队，是否就意味着一定能够促进企业的经营管理？在何种情境下高管团队的海外经历所带来的知识能够服务于企业管理呢？国内外大量文献开始关注拥有海外经历的高管对企业治理的作用，但是对于拥有海外经历的高管在中国企业战略决策和管理中的作用及其内在作用机制并没有形成清晰的结论。

对于拥有海外经历的高管在中国企业战略决策和管理中的作用的研究有两种结论，一种观点认为拥有海外经历的高管通过资源提供、职能履行、合法性提升等机制促进企业治理绩效；另一种观点则从拥有海外经历的高管本土知识缺乏、团队融入性困难以及参与治理动力缺失等方面验证了其对于企业管理的负面影响。而中国企业跨国并购是一个复杂的过程，从并购前的准备到并购中的交易过程再到并购后的整合，拥有海外经历的高管到底能否发挥促进跨国并购绩效的作用，以及如何发挥作用，无论是理论上还是实践中都没有明确的研究结论。

在现实的企业管理中，一方面我们看到中国企业对于有海外经历的高层次人才求贤若渴，无论是国有企业还是民营企业，在人力资源配置上都重视国际化人才的重要作用，积极引进国际化人才。以复星集团的人才战略为例，从 2010 年起，复星集团为了寻找国外市场的机会，在总部员工不足 200 人的情况下，在企业组织架构上设立了"国际部"，安排了英文基础较好的海归人员，为企业更好地"走出去"做了充分的准备；2010 年 8 月 30 日，《中国日报》上刊登的整整两个版面的招聘广告，引起了美联社的广泛讨论，中国国有企业面向全球招聘高层次人才，应聘者来自世界各地，不乏众多拥有博士、

MBA 学位头衔之士；腾讯也在 2008 年启动了海外招募计划，从哈佛大学、麻省理工学院、沃顿商学院等顶尖学府招募了一批毕业生，2014 年，京东从麻省理工学院等国际顶级高校吸引了大约 10 名 MBA 毕业生，作为储备高管，该项目并不限于在海外学习的中国学生，非华裔人士也可以加入；除此之外，中共中央组织部、国务院国有资产监督管理委员会每年都会面向海内外公开招聘中央企业高级经营管理者，包括国有骨干企业的总经理职位。另一方面，我们也看到拥有海外经历的高管在企业管理中的尴尬状况。2001 年 3 月，中国海洋石油股份有限公司（中海油）为提升自身的资本运营能力，专门从境外聘请了高级经营管理人才邱子磊担任公司高级副总裁兼首席财务官，这是国务院大型企业工委管辖的大型制造企业中第一位从国外聘请的高级管理人员，但不足 4 年时间，2005 年 2 月底，邱子磊博士即从中海油正式离职，尽管当事人没有阐明离职的原因，但市场化职业经理人精神与国内企业文化特别是国有企业官场文化的冲突在所难免。这种想象不仅仅存在于国企，民营或者股份制企业同样存在海外经历高管离职的现象。温州的中瑞财团控股有限公司是中国民营企业在全球化背景中自发谋求常青的典范。中瑞财团控股有限公司聘请的总裁精通英、俄、日三国语言，熟悉和了解国际贸易规则，有丰富的上市公司高层管理经验，但在入职后不久便离职，"强董事会弱经理"的结构矛盾成为导火索。因此，拥有海外经历的高管在进入本土企业后，在企业战略决策和管理中究竟能否发挥作用，在什么情况下能更好地发挥作用已然成为一个重要的研究问题。

三、研究意义

（一）理论意义

1. 考察中国企业内部因素对跨国并购绩效的影响

现有的关于企业跨国并购绩效影响因素的研究有很多，但大部分是针对发达国家企业的跨国并购，然而发达国家企业并购无论在宏观环境还是内部要素上与中国企业跨国并购都存在较大的差异。在考察影响新兴市场特别是中国企业跨国并购绩效因素的研究中，大部分着眼于宏观层面的因素，强调中国制度、文化的特殊性对跨国并购绩效的影响，而忽视了并购企业内部因素的作用。

根据高阶理论，高管团队背景特征是影响企业战略及绩效的重要因素，在中国企业实施跨国并购的具体情境下，高管团队的作用贯穿于跨国并购战略决策、实施以及并购后整合的全过程，因此，关注高管团队层面因素对中国企业跨国并购绩效的影响是对现有的中国企业跨国并购绩效影响因素文献的进一步延伸。

2. 从知识整合的视角探讨知识在中国企业跨国并购中的作用

由于中国企业跨国并购不符合西方企业跨国并购的主流理论，加上中国与西方在制度、文化上的差异性，现有的关注中国企业跨国并购绩效影响因素的研究主要集中在制度、文化层面，认为制度距离、文化距离、企业的国有产权、企业的政治关联是影响中国企业跨国并购的主要因素，忽略了知识基础的重要性。中国企业不仅缺乏先进的技术和管理经验，还由于后发劣势导致国际化经验缺乏，这些直接影响了中国企业在跨国并购中的战略制定、实施以及并购后的整合效果。企业的知识基础影响中国企业的跨国并购绩效（Deng，2009），高管海外经历之所以能够促进跨国并购绩效，在于其能够将海外习得的技术、嵌入的网络资源以及先进的管理经验运用到企业的跨国并购中来，其技术水平的高低、企业治理知识的多少以及海外网络嵌入的程度都对跨国并购绩效产生直接影响。知识基础观认为是知识整合而非知识本身形成企业的核心能力（Boer et al.，1999），也有研究认为个体知识只有被整合到集体层面才是有价值的组织资产。

根据上文所述，拥有海外经历的高管拥有良好的专业背景、广阔的国际化视野、优越的国际化人际关系和先进的国际化企业管理经验，而这些知识大多是嵌入在个体中的隐性知识，这种隐性知识只有被整合到组织层面才能够促进跨国并购绩效，高管的海外知识本身并不能构成企业的核心竞争力，只有整合到团队层面才能发挥功能。机会、感知的价值、动机以及组织的整合能力影响组织整合的成功与否（Moran and Ghoshal，1996；Nahapiet and Ghoshal，1998），知识贡献者知识转移的意愿体现机会、感知的价值和动机，团队的吸收能力体现组织的整合能力。因此，本书认为高管海外经历促进跨国并购绩效的作用机制是存在边界的，知识贡献者的知识转移意愿和高管团队的知识吸收能力是高管海外经历促进中国企业跨国并购绩效的边界条件。积极探究高管海外经历的作用的边界条件，有利于为企业管理实践尤其是高管团队内部结构构建提供有价值的理论基础和管理建议。

3. 对高管团队的海外经历进行界定并进行量化

企业高管的海外经历意味着先进的技术和管理经验，意味着丰富的国际化经验和海外网络，但这些知识的内在特征存在差异性，在考察这些知识特征时，不仅需要考察高管获取了多少知识，还需要考察其获取知识的深度。团队中拥有海外经历的高管占比反映出知识提供的数量，团队中拥有海外经历的高管的学习工作时间能够反映获取知识的深度，本书对高管团队海外经历维度的进一步划分，完整、系统地研究了高管团队海外经历对跨国并购绩效的影响机制，弥补了采用单一维度研究高管团队海外经历作用的不足。传统的单一维度指标仅仅采用是否拥有海外经历（Giannetti et al.，2015）或者拥有海外经历的高管的占比（刘凤朝等，2017）进行衡量是不够的，忽视了高管团队海外经历的内在特征。

因此，本书对高管团队海外经历进行了进一步细化，考察海外经历的不同维度对跨国并购绩效的不同影响，从而进一步剖析高管团队海外经历对跨国并购绩效的影响机理，基于知识基础观，研究高管团队不同维度的海外经历影响中国企业跨国并购绩效的内在机制。

4. 全过程视角探讨高管团队海外经历对中国企业跨国并购绩效的影响

高阶理论认为高管拥有海外经历的这一特征决定了其价值观念和认知基础（Hambrick and Mason，1984；Wally and Baum，1994），进而决定其战略选择（Forbes and Milliken，1999；Rindova，1999），最终影响到企业的战略绩效。在中国企业跨国并购这一具体战略措施下，高管海外经历的作用贯穿于战略制定实施和并购后的整合过程。具体来讲，高管的海外经历能够给企业带来独特的优势，他们拥有良好的专业背景、广阔的国际化视野、优越的国际化人际关系和先进的国际化企业管理经验等。国际化视野和丰富的海外工作经验使他们更了解国际市场行情，对并购价格的洞察能力更强，能确定目标企业的实际价值，规避被并购企业虚报价格的风险，降低跨国并购中的信息不对称所引发的风险，并以此正确确定企业并购价格，从而增强并购决策的合理性（陈仕华等，2013），避免低效率甚至无效率的海外并购行为。丰富的财务管理经验和国外并购经验则使他们能够帮助企业选择合适的融资方式和支付方式，避免出现资金风险。

除了影响跨国并购的战略选择，高管团队的海外经历还能够提升跨国并购后的整合质量。缺乏有效的整合是大多数并购失败的主要原因（Datta，1991；Larsson and Finkelstein，1999），高管的海外经历通过增强企业内部控制、提升文化整合、实现并购目标等途径实现对跨国并购后的有效整合。具体来说，先进的国际化管理经验能够促进并购后对目标企业业务的整合、人力资源整合和增强内部资源的分配，带来高质量的内部控制，从而增强企业并购后的整合能力，进而提高并购业绩（杨道广等，2014）；海外经历带来的文化渗透能够降低与目标国政府、企业以及员工的有效沟通，促进并购后的整合协同（Dashti and Schwartz，2015）；获取先进技术是我国企业实施跨国并购的主要目的之一，针对技术获取型跨国并购，拥有海外经历的高管团队的技术背景可以更好地将海外先进技术转移和融合，从而提升新兴市场企业在海外并购后的技术创新能力，实现跨国并购的目的（吴映玉、陈松，2017）。

因此，本书认为高管团队海外经历对跨国并购绩效的影响贯穿于跨国并购的整个过程，单独考虑其对跨国并购战略的影响或者对并购后整合绩效的影响是不全面的，忽略了高管海外经历对跨国并购整体过程的影响。跨国并购战略的制定实施效果主要通过跨国并购的短期市场反应来衡量，而并购后的整合效果主要通过长期整合绩效来衡量，因此，有必要将中国企业跨国并购绩效区分为短期市场反应和长期整合绩效，并将其整合在同一框架下进行研究，进一步探究高管海外经历在跨国并购时间维度上作用的差异性。现有的关于跨国并购绩效研究的相关文献几乎都认为跨国并购短期市场反应和长期整合绩效形成机制不同，不能放在同一个研究框架下，本书认为从知识整合的视角看，高管团队海外经历的作用贯穿于跨国并购战略制定、执行以及并购后的整合过程，可以将高管团队海外经历对跨国并购的短期市场反应和长期整合绩效的影响融合在同一个框架下进行研究，在此基础上，进一步分析高管团队海外经历对跨国并购的短期市场反应和长期整合绩效的影响，并对研究结果进行比较分析，考察高管团队海外经历对短期市场反应和长期整合绩效影响的差异，进一步追溯差异性产生的原因。

（二）现实意义

针对中国企业跨国并购高增长率、低成功率的现象，应关注高管团队海外经历对中国企业跨国并购绩效的影响。在经济全球化的背景下，引进拥有

高管团队海外经历对中国企业跨国并购绩效的影响研究

海外经历人才进入高管团队是否能够促进企业跨国并购的绩效？在何种情境下，高管海外经历对跨国并购绩效的促进作用会得到增强？本书希望研究结论能够为实施跨国并购企业在高管团队内部结构构建和优化上提供正确的指引方向。

首先，我们可以将导致中国企业跨国并购成功率不高的因素归纳为外部因素和内部因素。外部因素如文化距离、制度距离等是客观存在的，短期内无法改变，对于企业而言，短期内解决问题的方法只有着眼于影响跨国并购绩效的内部因素。对于交易层面的因素如交易的价格、交易方式等更多地取决于谈判，关键在于中国企业能否获取更多的主动权；企业内部的治理结构如股权结构等也具有相对的稳定性，短期内进行变动的可能性较小。而在高管团队的构成上企业有充分的自主权，企业可以通过引进具有特定背景特征的高管进而对高管团队的内部结构进行重新构建，以促进跨国并购绩效，降低并购的失败率。因此，着眼于研究高管背景特征对跨国并购绩效的影响，以期研究结论能够对实施跨国并购的中国企业在高管团队的构建和优化上提供实质性建议。

其次，高管的海外经历具有差异性，对高管的海外经历进行进一步的维度划分。根据海外经历的性质不同，高管海外经历可以区分为海外工作经历和学习经历；根据海外经历的时间不同，可以区分为长期海外经历和短期海外经历；根据经历国家的不同，可以区分为发达国家海外经历和发展中国家海外经历，等等。甚至在具体的跨国并购事件中，还可以考虑海外经历是否来源于并购标的所在国家或者是否来源于同一大洲；就此对高管海外经历维度进行进一步细化研究，有助于跨国并购企业结合企业战略决策和整合需要，吸纳合适的海外经历人才进入高管团队，从而促进跨国并购绩效。

最后，近年来，大量的"海归"人才回流到企业的高管团队，尽管这部分人拥有较高学历、先进技术或管理经验，抑或有较强的海外社会联系和商业联系，但是这些知识嵌入高管个体中，具有离散性特征。对于中国企业而言，需要将这些嵌入的知识从个体转移到组织中，并为组织所整合，才能发挥其作用。由此可认为知识拥有者的贡献意愿和团队知识吸收能力影响知识的整合，研究结论将启示企业在构建具有海外经历的高管团队时，一方面，通过制定相应的制度或者政策促进知识贡献者知识转移的意愿；另一方面，通过一系列措施提升组织对知识的吸收能力，这样才能最大程度地发挥高管海外经历对跨国并购绩效的促进作用。

综上所述，本书主要基于高阶理论和知识基础观，分析高管团队海外经历不同维度（宽度、深度、异质性）对中国企业跨国并购不同阶段绩效（短期市场反应、长期整合绩效）的作用机制以及边界条件，并试图回答以下问题：（1）拥有海外经历的高管团队是否能够促进中国企业跨国并购的绩效？（2）高管团队海外经历影响中国企业跨国并购绩效的内在机制是什么？（3）高管团队海外经历影响中国企业跨国并购绩效的作用机制中是否存在边界条件？对知识的有效整合是否能够增强高管团队海外经历对中国企业跨国并购绩效的促进作用？

四、研究框架和研究内容

（一）研究结构与框架

本书主要研究中国企业高管团队海外经历的不同维度对跨国并购绩效的影响，基于高阶理论和知识基础观，采用实证研究的方法检验高管团队海外经历对跨国并购绩效的影响机制，分析拥有海外经历的高管将自身资源转移至并购企业并服务于跨国并购的条件，根据研究结论为企业跨国并购实践提供有价值的管理建议。本书的研究结构主要包括以下部分：

第一章：绪论。本章首先对中国企业跨国并购的发展和海外高层次人才回流状况进行质性分析，在此基础上提出研究问题，主要从理论和现实两个方面分析本研究的必要性和重要性，阐述本研究对管理理论和管理实践的贡献，概括性地介绍本书主要研究框架及内容，以及可能存在的创新之处。主要包括研究背景、研究意义、研究结构和内容框架、研究方法和技术路线及可能的创新之处。

第二章：文献综述。本章系统梳理了与本研究相关的文献和理论基础。首先从环境、企业以及个体多层面回顾了中国企业跨国并购绩效影响因素的相关研究，再对高管海外经历作用于企业管理的国内外文献进行梳理，在此基础上，聚焦高管海外经历对跨国并购绩效的相关研究，并形成文献综述。具体包括中国企业跨国并购的特征研究、中国企业跨国并购绩效的影响因素研究以及新兴市场企业跨国并购绩效的理论基础和实证结果、高管团队海外经历对企业战略决策、战略结果的影响以及高管团队海外经历作用发挥的边界条件等。具体的理论包括制度理论、资源基础观、知识基础观以及高阶理论等。

第三章：理论模型与研究假设。本章在文献回顾的基础上，以高阶理论、知识基础观、资源依赖观为理论基础，构建高管团队海外经历对中国企业跨国并购绩效的影响模型。具体包括理论模型的构建和研究假设的提出。

第四章：样本选择和变量界定。本章主要介绍样本的选择标准，介绍相应数据的来源及获取方法，因变量、自变量以及控制变量的界定与具体的测量方法。

第五章：实证分析。本章主要通过回归分析的方法，验证理论模型中提出的高管海外经历对中国企业跨国并购绩效的影响机制。首先，分析样本企业跨国并购绩效的状况，在此基础上考察高管团队海外经历的不同维度对并购绩效的影响结果，并对之进行比较分析；其次，同时考察对拥有海外经历的高管的激励和高管团队的知识吸收能力如何影响高管团队海外经历在跨国并购中作用的发挥；进一步的研究则通过分组回归比较的方法，考察企业性质、并购对象的特征等因素在上述机制下的影响；最后进行内生性和稳定性的检验。在具体的操作上，主要通过 STATA 软件处理、分析数据，通过数据分析检验理论假设，并总结研究结果。

第六章：案例分析。本章在实证分析的基础上，选取中国企业跨国并购的案例进行典型案例分析，考察企业高管团队海外经历在跨国并购中作用的发挥过程，进一步验证理论模型。

第七章：结论与展望。本章首先对上述的研究结论做出相应的解释和对比，然后阐述本书研究的不足，并在此基础上提出未来的研究方向，最后根据本书的相关研究结论为企业管理实践提供有价值的建议。具体包括结果讨论、理论贡献、管理启示和研究不足与研究展望。

第八章：本章在前文研究的基础上，对研究内容进行进一步深入探讨，考察拥有海外经历的高管在知识转移过程中转移知识的具体类型，考虑到中国企业的特殊性，关注拥有海外经历的高管在跨国并购中提供的具体的知识类型，选择以 2009—2018 年中国沪深 A 股的跨国并购事件为样本，基于资源依赖的视角，考察高管海外经历在不同性质企业跨国并购中作用发挥机制的差异，得出拥有海外经历的高管通过降低中国企业在跨国并购中的信息不对称，进而促进跨国并购的绩效。

（二）研究内容

本研究基于高阶理论和知识基础观，通过实证研究法，探究高管团队海外经历对我国企业跨国并购绩效的影响机制，在此基础上从个体知识向团队整合的视角探讨对拥有海外经历的高管的激励和高管团队知识吸收能力在这一作用中的调节效应。主要内容包括四个方面。

1. 高管团队海外经历与跨国并购绩效的关系

根据高阶理论和知识基础观，高管团队海外经历提供中国企业跨国并购所需的先进技术、管理经验、丰富的国际化经验以及海外网络资源等知识，其作用贯穿于企业跨国并购的战略制定、实施以及跨国并购后整合的全过程。为探索高管团队海外经历对跨国并购绩效的影响，本书将高管团队的海外经历进一步细化为不同维度，包括高管团队海外经历的宽度、深度和异质性等，不仅考察研究高管团队海外经历能否促进中国企业跨国并购绩效，还进一步探究高管团队何种类型的海外经历能够促进跨国并购的绩效。

2. 团队知识整合在高管海外经历促进跨国并购绩效过程中的调节作用

从知识整合视角来观察，知识嵌入个体之中，只有当个体的知识转移至团队或者组织中，才能影响中国企业跨国并购的绩效。个体知识在组织层面的整合受到知识贡献者知识转移意愿和团队知识吸收能力的影响，对知识贡献者的激励促进其知识转移意愿。因此，应研究对知识贡献者的激励和团队知识吸收能力在高管团队海外经历促进中国企业跨国并购绩效中的调节效应。

3. 高管团队海外经历不同维度对跨国并购绩效影响上的差异

本研究基于高阶理论，将高管团队海外经历对跨国并购的短期市场反应、长期整合绩效的影响整合在同一个框架下。关注高管海外经历宽度、深度和来源国多样性对短期市场反应和长期整合绩效的影响，并将研究的结论进行对比。探索高管团队海外经历不同维度对短期市场反应和长期整合绩效影响的差异性，尝试解释其中的原因，进一步验证高管团队海外经历对跨国并购绩效影响的内在机制。

4. 企业性质在高管团队海外经历作用发挥中的影响研究

国有产权是中国跨国并购企业的重要特征，在企业文化、股权特征等方面，国有企业区别于私有企业。在管理实践中也出现海归高管在企业管理中与国有企业固有制度之间的矛盾冲突。跨国并购是企业的重大战略决策，因此，有必要考察产权性质对高管团队海外经历作用发挥的影响。本研究采用分组回归的方法，将国有企业和私有企业的回归结果进行对比研究，并采用多种方法进行稳定性检验，以保证研究结果的科学性。

五、研究方法与技术路线

（一）研究方法

1. 文献检索法。通过图书馆的电子资源，广泛收集国内外相关文献资料，收集文献的目标主要为 SMJ、JOM、AMR、AMJ、管理世界、经济研究、南开管理评论等国内外权威期刊。论文涉及高阶理论、知识整合机制、资源依赖理论等领域内容，拟通过梳理关于中国企业跨国并购绩效影响因素以及高管团队海外经历作用于企业管理的国内外研究成果，并且在文献回溯和理论分析的基础上，突破现有思维模式，探究新的研究视角，构建基于知识整合机制的高管团队海外经历对中国企业跨国并购绩效作用的理论模型，对现有研究进行进一步拓展。

2. 多路径获取数据。数据采集是一项复杂的工作，本书主要变量的相应数据采用了人工收集和二手数据相结合的方法，从汤姆森（SDC）金融并购数据库、Wind 数据库和国泰安 CSMAR 数据库中获取原始数据，对原始数据进行匹配，然后再通过人工收集的方式对样本企业的高管团队的每一个成员是否有海外经历、在哪个国家学习或者工作、在国外学习工作或者生活的时间等进行逐一抠取，并在此基础上进行分组及反复核对，以保证数据的准确性，形成最终的数据样本。

3. 实证分析法。首先对相关理论进行高度抽象和概括，构建概念模型。在此基础上，一方面，采用 EXCEL、STATA 统计分析工具对本研究进行数据分析，完成数据的相关性、多重共线性、均值、标准差和相关系数等描述性统计分析，完成多个模型的验证分析，并根据研究的需要进行分组分析，并对分组分析的结果进行比较解释；另一方面，选取中国企业跨国并购的案例，通过多案例归纳式研究，验证高管团队海外经历如何影响中国企业跨国并购绩效。

（二）技术路线

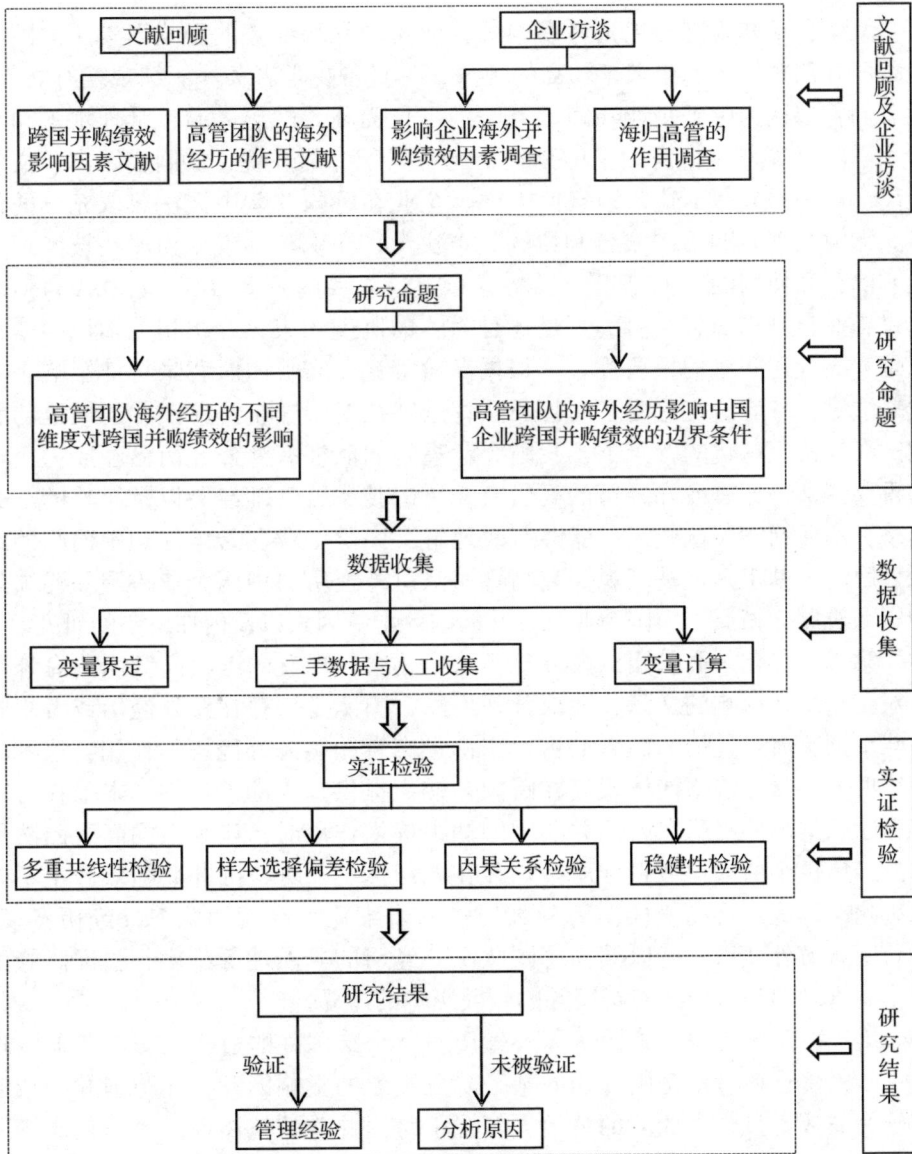

图 1-3 本书研究技术路线图

六、可能的创新之处

第一，从知识基础视角考察中国企业跨国并购绩效的影响因素。中国企业跨国并购规模大而失败率较高的现象，一直备受学者关注。综观现有文献，学者们普遍认为中国企业在跨国并购中不仅面临着缺乏经验、管理水平和技术水平落后等企业自身因素的制约，还受限于外部环境，如制度距离、文化距离、经济差异等，这些因素使得中国企业在跨国并购中无法获取充分的信息，无力实现并购后的整合和协同。事实上，知识基础观认为那些被组织创造、储存和使用的知识是组织战略意义上最重要的资源（Grant，1996），无论是企业自身知识和经验的不足还是面临的制度约束，组织相关知识的获得都是解决上述问题的重要途径。根据高阶理论，高管团队背景特征影响企业战略绩效，现有研究忽略了高管团队背景特征对中国企业跨国并购绩效的影响。在经济全球化的背景下，我国企业高管团队拥有海外经历已经成为企业的重要特征，拥有海外经历的高管有先进的技术、管理经验以及海外的社会网络和商业网络，这些知识能够有效地解决中国企业在跨国并购中面临的约束。因此，基于知识基础观探究高管团队海外经历对中国企业跨国并购绩效的影响机制，拓展了中国企业跨国并购绩效影响因素以及内在机制的研究。

第二，深化了高管团队海外经历这一构念。现有的考察高管团队海外经历对企业绩效影响的文献，大部分采用高管团队是否存在海外经历或者高管团队中拥有海外经历的高管的占比来衡量高管团队海外经历的作用，这种单一维度的测量方法不能体现其在跨国并购中提供知识的差异性。本书在考察高管团队的海外经历在跨国并购中的知识提供作用时，认为不同高管团队的海外经历提供的知识数量和质量均存在差异性，并对跨国并购绩效产生不同的影响。因此，将高管团队海外经历进一步细化为高管团队海外经历宽度、高管团队海外经历深度以及高管团队海外经历的异质性等维度，验证高管团队不同维度的海外经历对跨国并购绩效影响的差异性。

第三，系统考察高管团队海外经历对整个跨国并购过程的影响机制。现有文献大多选择考察跨国并购的某一阶段绩效的影响因素，如跨国并购战略实施完成或者整合完成时的绩效，忽视了跨国并购的整体性。考虑到高管团队海外经历的知识提供作用贯穿于跨国并购的战略制定实施以及并购后的整个过程，战略的制定实施效果则主要通过跨国并购的短期市场反应来体现，而并购后的整合效果主要通过长期整合绩效来体现，本书将跨国并购的短期市场反应和长期整合绩效整合到一个研究框架下，探究高管团队海外经历对跨国并购不同时间维度上的绩效影响。

第四，揭开了高管团队海外经历作用于跨国并购绩效的内在机制。知识基础观认为，知识嵌入在单个个体中，只有整合到组织层面才能成为组织的战略资源。对组织而言，如何协同和整合个体所拥有的知识是管理中的一大难题。本书认为拥有海外经历的高管拥有的知识嵌入个体之中，只有将个体知识整合到组织层面才能促进其作用的发挥。通过对高管团队海外经历影响企业跨国并购绩效的边界条件的探究，进一步验证了高管团队海外经历通过知识提供促进中国企业跨国并购的绩效，个体知识整合到组织层面是高管团队海外经历发挥作用的重要条件。

第二章
高管海外经历与跨国并购
绩效文献综述

　　由于直接研究高管团队海外经历对企业跨国并购绩效影响的文献并不多见，因此，本章将研究主题进行拓展，尝试在一个更广的范围内，回顾相关变量的研究，分析已有研究的不足之处，寻找可能的突破方向，为后续研究奠定基础。对于中国企业而言，其没有显著的所有权优势、内部优势以及区域优势（Dunning，1978），从传统理论来看，并不具备对外并购的必要条件，但是近些年来，中国企业进行跨国并购的规模之大但成功率较低的现象，让学术界开始关注中国企业跨国并购绩效的影响因素。目前的研究主要从并购的外部环境、并购主体特征以及并购交易特征三个方面展开，而并购方的高管团队作为跨国并购的主要实施者，影响中国企业跨国并购的整个过程，包括战略的制定、实施和并购后的整合。因此，先从影响中国企业跨国并购绩效的因素着手，再关注企业高管团队海外经历对企业的作用，对相关文献做一个系统的回顾，最后聚焦高管团队海外经历对中国企业跨国并购绩效的影响。

　　本章的结构安排如下：首先，系统回顾中国企业跨国并购绩效的影响因素以及内在机制，特别关注高管团队层面因素对跨国并购绩效影响的研究；其次，关注高管团队海外经历影响企业战略及绩效的相关研究，对高管团队海外经历的界定、测量以及对企业的影响机制进行系统的回顾。这两部分的回顾在更广的范围内为研究高管团队海外经历对中国企业跨国并购绩效的影响机制提供了理论基础；再次，聚焦高管团队海外经历与中国企业跨国并购直接相关的文献，重点介绍目前理论界主要关注的高管团队海外经历对企业跨国并购战略及并购后整合绩效的影响；最后对已有研究进行总结评论，并分析在已有研究基础上未来研究可能的突破方向。

一、中国企业跨国并购绩效文献综述

（一）跨国并购绩效的界定与测量

跨国并购绩效是一个极其复杂的概念，是指企业实施跨国并购这一战略行为所带来的一系列结果和影响（谢洪明等，2016）。

从跨国并购影响的评价对象看，跨国并购绩效可以区分为并购主体绩效和其他绩效（Zollo and Meier，2008），其中并购主体绩效指的是跨国并购给并购企业或者目标企业带来的影响，其他绩效则指跨国并购给企业员工、竞争者、外部环境、知识转移等带来的影响。从对实施跨国并购主体影响的性质来看，并购主体绩效可以区分为财务绩效和非财务绩效（Meglio and Risberg，2011），财务绩效按照其来源可以区分为市场表现和会计绩效，主要由风险和市场价值衡量。非财务绩效可以区分为经营绩效和整体绩效，经营绩效主要用市场份额、创新、生产力和客户保留等来衡量，而总体绩效则包括主观绩效、存活率等（谢洪明等，2016）。

在具体的测量方式上，市场表现可以采用以下几种测量方式：一是并购主体在并购宣告或者并购结束时的市场价值，通常采用累计非正常收益率（CAR）或累计平均非正常收益率（CAAR）、托宾 Q 或者股价的变化等指标进行测量；二是采用企业面临的市场风险的改变，通常采用证券组合的实际期望收益率与证券组合的期望收益率之差（Jensen's Alpha 或 Beta 系数）。会计绩效来源于企业的会计记录，通常采用利润（ROA、ROE 或者 ROS）、增长率（如销售增长率）以及流动性和杠杆（如现金流）进行测量；非财务绩效中的经营绩效体现为市场、创新和生产力维度，市场维度通常采用市场份额进行测量，创新维度通常采用专利申请数量或者频率进行测量，生产力维度通常采用成本协同效益进行测量；整体绩效则采用并购是否完成、并购目标是否实现和并购后的企业是否存活进行测量。在其他绩效上，主要从知识转移程度、员工情绪、员工权利、薪酬、离职/雇用率、并购战略持续性、研发投入、竞争者绩效、市场竞争等方面来测量，主要反映跨国并购实施后的其他结果（见表 2-1）。

表 2−1　跨国并购绩效的界定和测量方法汇总表

跨国并购绩效	细分类别	界定	测量方法
财务绩效	市场评价	并购宣告或者并购结束时的市场价值	CAR、CAAR、托宾 Q 或者股价变化等
		并购企业市场风险的改变	Jensen's Alpha 或 Beta 系数
	会计绩效	企业利润	ROA、ROE 或者 ROS
		企业业务增长率	销售增长率等
		企业流动性和杠杆	现金流等
非财务绩效	经营绩效	企业市场表现	市场份额
		企业创新绩效	专利申请数量或者频率
		企业生产力	成本协同效益
	整体绩效	并购的成功	并购是否完成、并购目标是否实现
		企业的存活	并购后是否存活
其他绩效	知识转移	知识转移程度	企业产品技术、产品开发技能、生产技术等技术提高程度
	员工效应	员工情绪	员工对于新企业的态度、离职意向、不良情绪等
		员工权利	自治权的转移程度、关键职员的保留
		薪酬	工资和津贴
		离职/雇用率	离职/雇用率
	企业战略效应	并购战略持续性	并购战略未来实施数量
	竞争者效应	研发投入	研发投入占总销售额比率
	外界环境效应	竞争者绩效	竞争者股价
		市场竞争	市场竞争程度

本书利用著名的文献检索系统——ISI Web of Science，TI = ［（M&A* OR CROSS - BORDER OR ACQUISITION* OR MERGE*）AND（EMERGING OR CHINESE OR CHINA）］，精炼依据为 Web of Science，类别为 MANAGEMENT OR BUSINESS OR ECONOMICS OR BUSINESS FINANCE，2017 年的文献没有完全进入搜索范围，选择的时间跨度为 2004—2016 年①，索引为 SSCI。再手工去除新兴市场国内并购的文献、发达国家企业到新兴市场并购的文献以及其他与新兴市场企业跨国并购没有关联的文献，共得到 87 篇文献。为稳妥起见，本次还以"数据库 = SCI - EXPANDED，SSCI，A&HCI"为条件重复上述检索，统计结果类似。因此，本次仅报告具有代表性的 SSCI 子库检索结果；中文文献以标题为"跨国并购"或者"海外并购"或"对外并购"或"走出去"在《南开管理评论》《管理世界》《管理科学》《中国软科学》《管理科学学报》《经济研究》《中国工业经济》《会计研究》《经济学季刊》《世界经济》② 十大经管类期刊中搜索，再手工去除与中国企业跨国并购无关的文献，得到 31 篇文献，合计 118 篇文献。如图 2 - 1 显示，自 2011 年后学者们对中国企业跨国并购的关注度明显提升。

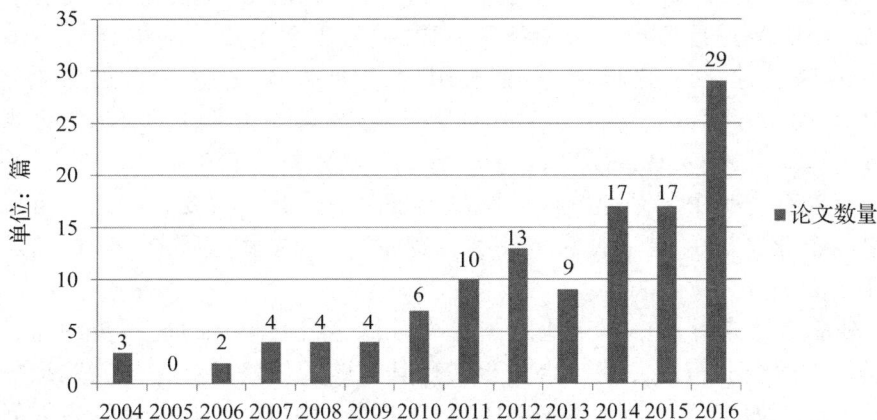

图 2 - 1　国内外期刊历年有关中国企业跨国并购文献数量

---

① 根据 Wind 中国并购数据库的数据，从 2004 年开始中国大陆出境并购的数量开始超过个位数。

② 中国知网 CNKI·中国科学文献计量评价研究中心公布的 2017 年经济管理期刊影响因子排名前五名的经济学期刊和排名前五名的工商管理学期刊。

对上述 118 篇文献进行进一步分类发现，2006 年之前的研究主要关注中国企业跨国并购实施的可行性，如中国企业跨国并购的文化整合流程设计及模式选择、中国企业跨国并购的风险及控制问题等（潘爱玲，2004；叶建木、王洪运，2004）；2006 年之后，随着中国和新兴市场企业跨国并购规模的扩大，学者们开始关注跨国并购的市场反应以及影响因素。对以上 118 篇文献进行分析，发现有 28 篇研究关注新兴市场企业进行跨国并购的动因；90 篇关注新兴市场企业跨国并购的结果，其中 68 篇关注中国企业跨国并购绩效的影响因素。

通过对上述文献的回顾，可以发现对中国企业跨国并购绩效的界定与研究发达经济体跨国并购绩效的主流基本保持一致，按照绩效的主体和时效的不同，可以将其划分为并购企业的短期市场反应、并购企业的长期整合绩效、目标企业的短期市场反应和目标企业的长期整合绩效。短期市场反应主要采用事件研究法进行测量，通过跨国并购事件引发股票市场上的异常回报率（AR）或者累计异常收益率（CAR）来衡量，也有学者采用并购溢价直接衡量并购交易的效果（Zhu et al.，2014）；并购绩效长期整合绩效则主要采用会计研究法进行测量，通过跨国并购后企业的经营指标，如 ROA、ROE 等进行衡量（倪中新等，2014）。由于上市公司的绩效主要取决于市场反应，因此也有学者采用"长期买入并持有非正常收益"（BHAR）、并购后的 Tobin's Q 值对上市公司跨国并购长期绩效的测量（Hu et al.，2016；Huang Z. et al.，2017）。另外，有学者认为除了并购后的有效整合，中国企业跨国并购的准备阶段也非常重要，因此，可以采用中国企业跨国并购是否完成来衡量绩效（贾镜渝、李文，2016；Zhou et al.，2016）。

随着近年来针对中国企业跨国并购后整合结果研究的进一步深入，学者们将中国企业跨国并购整合是否实现其并购的战略目标作为并购绩效的衡量标准，如李梅、余天骄（2016）关注技术并购企业并购后的创新绩效，Nicholson et al.（2016）关注跨国并购后员工的心理安全（EPS），Xing et al.（2017）采用工业企业跨国并购后的服务化决策衡量跨国并购的绩效（见表 2－2）。

表2-2　中国企业跨国并购绩效衡量方法

测量维度	测量指标	文献来源（举例）
战略指标	（累计）非正常收益率（CAR/AR）	Boateng et al.，2008
	购买并持有非正常收益率（BHAR）	Hu, N. et al.，2016
	并购后的Tobin's Q 值	Huang, Z. et al.
	并购是否完成	贾镜渝、李文，2016
	会计指标（ROE/ROA）	Buckley, P. J. et al.，2014
	并购溢价	Zhu, P. C. et al.，2014
整合指标	并购后的创新绩效	李梅、余天骄，2016
	并购后员工心理安全	Rao - Nicholson R. et al.，2016
	并购后服务决策	Xing, Y. J. et al.，2017

（二）中国企业跨国并购绩效的影响因素

综观现有文献，尽管有大量研究关注企业跨国并购绩效的影响因素，从交易层面、企业层面、管理、外部环境层面等探究了企业跨国并购绩效的影响因素（Haleblian et al.，2009），但大多数文献以西方发达经济体企业跨国并购为研究对象，必然不适用于中国企业的跨国并购。近年来，针对中国企业跨国并购规模大但成功率低的现象，国内外学术界开始关注中国企业跨国并购绩效影响因素（Chen and Young，2010）。对于中国企业而言，中国企业不仅不具备传统的并购优势（Dunning，1978），而且其独具的特色政治和文化背景与东道国存在巨大差异，这意味着中国企业在跨国并购过程中面临着更大的困难，影响其跨国并购绩效的因素也不尽相同。因此，本书以 Haleblian et al.（2009）的研究框架为基础对中国企业跨国并购绩效影响因素进行归纳和总结。

综合上述文献内容，从交易层面、企业层面和外部环境三个方面探究中国企业跨国并购绩效的影响因素。

1. 跨国并购交易层面因素

（1）支付方式

跨国并购的支付方式主要是指并购企业为了实现并购成功而使用的一系

列支付手段的组合，即交易中使用的支付工具，传统学术界将支付方式分为现金支付、股权支付和混合支付三种方式。现金支付是指以固定支付或者一次性现金支付的形式获得被并标的的所有权，股权支付主要是指上市公司通过将自身所拥有的股票份额转让给对方的形式来进行海外收购，混合支付是指综合使用不同的支付工具来进行支付，除了传统的现金和股票支付工具之外，还通过组合可转债等新型证券，对并购标的进行支付。

现有文献普遍认为跨国并购支付方式能够影响跨国并购绩效，理论依据主要是信息与信号理论。该理论认为公司的特别行动会传递重要信息，就中国企业的跨国并购而言，如果收购公司采取现金支付方式，则在传递公司股价被低估信号的同时，也表明收购公司拥有足够的资金实力，市场上传递积极信息有利于投资者增强信心，增持企业股份从而提高公司绩效。自由现金流假说（Michael C. Jensen，1986）也认为现金支付在某种程度上有助于改善并购后企业的经营绩效。程聪、贾良定（2016）采用 QCA 的方法针对中国企业跨国并购的案例的研究结果显示，在并购目标所在东道国为转型国家市场时，现金支付成了企业跨国并购成功的重要前因条件。原因在于现金支付方式在转型国家市场更加能够起到振奋市场信心的作用，相对于股权支付或者混合支付方式，目标企业的小股东更愿意接受现金支付，他们认为股权支付会使其承担"股权没收的风险"（Rossi and Volpin，2004）。

现金支付方式不仅通过传递积极的信号影响跨国并购的市场反应，还影响跨国并购后的整合。Narayan and Thenmozhi（2014）的研究认为跨国并购中的现金基本来源于债务，基于偿付责任和较高的利息负担，并购企业的管理者面临的加强管理以提升企业经营绩效的压力更大，从而减少委托代理问题，进而提升并购后的整合效果。

（2）并购规模

一般情况下，并购规模以跨国并购的交易总额来衡量，交易总额是指并购企业对并购标的的总支出。并购规模之所以能够影响并购企业的跨国并购绩效，主要原因在于并购的交易总额直接影响企业并购的并购成本和预期收益。一方面，从并购的成本视角来看，研究认为并购规模对跨国并购绩效的影响是负向的。并购的规模越大，意味着并购企业的并购成本越高，而并购的规模越小，不仅意味着交易成本的降低，还意味着并购企业的整合成本降低。毕马威 2011 年的研究报告证实了这一观点，报告显示，规模越小的跨国并购交易，并购企业在并购完成后更容易进行吸收和整合，进而能够更好地发挥企业的协同效应，使并购企业获得更多的超额收益。Zhu and Moeller（2016）针对中国企业在法国的跨国并购研究中，认为目标是非上市企业的中小规模交易的短期绩效更好。

另一方面，从信号理论的视角来看，研究认为并购规模对跨国并购绩效起正向促进作用。并购的规模能够向市场释放并购企业经营状况的信息，投资者普遍认为中国企业并不具备传统的并购优势，其可以从并购规模预测并购企业的经营能力，因此市场投资者更青睐并购规模大的跨国并购，从而带来市场绩效的提升。但也有学者认为这种信号释放作用带来的积极效应只是短期的，从长期来看，并购成本对企业绩效的影响更大，并购规模能够促进中国企业跨国并购创造价值但不能持续（Aybar and Thanakijsombat，2015）。

（3）并购模式

根据并购目的的不同，企业跨国并购的模式可以区分为水平并购、垂直并购和混合并购。水平并购是指并购双方属于同一个商业领域，并购方通过并购获取目标方技术、品牌、市场网络以及其他形式的无形资产实现规模经济；垂直并购是指并购对象是上下游企业，这种并购的目的在于控制原材料、零部件或者分销渠道的成本；混合并购则兼具上述两种并购的目的和特征，目的在于实现企业多元化的战略目的。

并购模式不同意味着整合的难度存在差异，Wu et al.（2016）的研究认为，水平并购的整合难度较大，虽然基于协同效应角度，相关度较高的企业并购在短期内更容易实现协同，整合的过程相对容易，通过消化吸收产生规模经济和范围经济效应能够实现强大的资产组合，但是在现实中，并购的目标往往是陷入财务危机的企业，并购方整合难度较大，现存的机构必须关闭或者迁移，基本上无法实现规模经济。而垂直并购和混合并购更有效率，基于不完全契约理论（Grossman and Hart，1986），如果并购双方资产具有重要的互补关系，则一体化合并是有效率的，其主要原因是节省了技术交流等交易成本，而且互补的关系能激发企业的创新能力，从而提高行业进入壁垒，通过重组研发部门，减少重复研发，提高研发效率（胥朝阳、黄晶，2010）。另外，混合并购促进跨国并购绩效的原因在于异质性资源的获取，能够在不同行业占得先机，从而可以实现企业经营重心的转移，分散经营风险。

（4）融资方式

企业在跨国并购的融资方式可以区分为内部融资、债务融资和股权融资方式，主要基于投资者对自由现金流的代理成本问题和估价过高的股权融资政策的关注。Aybar and Thanakijsombat（2015）关注中国企业跨国并购融资方式对跨国并购绩效的影响，认为其结果受到并购企业发展机会的影响，对于低成长性企业，高现金流会导致投资机会的浪费，进而带来负面的市场反应，而对于高成长性的企业，内部融资的低成本性（Myers and Majluf，1984）能够促进跨国并购的绩效。

2. 并购主体层面因素

（1）跨国并购企业的国有产权性质

在针对中国企业跨国并购的研究中，多数研究认为中国企业的跨国并购受到企业产权性质的影响比发达经济体的企业要大（Hoskisson et al.，2000），现有大量研究从产权性质视角考察中国企业跨国并购的特殊性。

国有控股是中国上市公司的一个重要特征，中国31.4%的上市公司中政府拥有超过50%的投票权（Yuan，1999），2005年沪深两市的1381家上市公司发行的股票中，65.9%的股票置于政府或者政府组织的控制之下（Morck et al.，2008）。因此，在研究中国企业跨国并购绩效时，企业的国有产权性质对跨国绩效的影响成为众多学者关注的对象。但是，目前关于企业国有产权对跨国并购绩效影响的研究结论并不一致。

一部分研究基于委托代理理论和信号释放理论，认为国有产权会损害中国企业的跨国并购绩效。首先，国有企业产权主体缺位导致管理机会主义的产生，管理者关注自己的利益而非股东的利益，无法保证跨国并购绩效（Chen and Young，2010）。其次，国有产权的性质会使投资者认为企业的跨国并购是出于政治目标而非经济目标，可能与股东的利益相悖，政府的目标往往是宏观的、长期的；而对于投资者而言，其关注的是经济利益，企业与股东并购目标的不一致导致投资者对国有产权的跨国并购投资动力不足，表现为市场的负面反应（Li and Xie，2013）。最后，国有企业的跨国并购容易引起东道国政治上的顾虑，引致目标企业所在国的敌意，并购方的国有产权性质会使目标国政府认为中国企业的跨国并购不是单纯的经济行为，同时会对中国国有企业的绩效和透明度产生怀疑，认为国有企业的跨国并购更多的是政府意愿而不是高效地利用资源（Antkiewicz and Whalley，2007；Li and Xia，2008），从而阻止并购的实施。国有企业在海外收购的过程中所遇到的不确定性和复杂性较大，无形中增加了中国企业跨国并购的成本，支付更多溢价（Guo et al.，2016），影响跨国并购的绩效，在一些自由化程度高的东道国，国有企业的行为更易被认为是代表政府或是政党，跨国并购的绩效损害更严重（张建红、周朝鸿，2010）。

另一部分学者则基于资源基础观，认为企业的国有产权性质能够给企业的跨国并购带来政治和经济上的帮助和支持，包括跨国并购后的退税、提供外汇交易的便利以及各种金融支持（包括较低的贷款利息、较大的贷款额度以及贷款的可获得性等）（Luo et al.，2010；Peng et al.，2008）。另外，与民营企业相比，国有企业在跨国并购中面对的财政约束更少（Lin and Bo，2012；Zhou et al.，2012）。再者，很多国有企业如石油矿产行业，行业的低竞争压力使其在跨国并购战略决策中更趋理性（Wu and Xie，2010）。因此，Du and Boateng（2015）认为政府的扶持与帮助以及并购企业行业环境会让投资者对企业的跨国并购的前景充满希望，进而带来更高的市场非正常收益。

（2）企业的国际经验

国际经验被认为是影响企业国际投资的重要因素（Jiang et al.，2013；Casillas and Moreno – Menéndez，2013）。将发达国家企业跨国并购作为样本的研究往往认为跨国并购的经验能够促进并购绩效（Hitt et al.，1998；Haleblian and Finkelstein，1999；Hayward，2002）。但针对发展中国家跨国并购的研究结论不尽相同。一方面，发展中国家跨国并购起步较晚，正确运用经验的能力也较弱（Lu et al.，2014），贾镜渝等（2016）以中国企业的跨国并购为样本，研究发现经验与跨国并购成功率呈正 U 形关系，原因在于在企业的跨国并购经验较少时，企业不能有效地对并购目标、制度文化及商业实践间的差异进行合理的评估，缺乏针对不同跨国并购采取不同策略的能力，这都使错误运用经验的试错成本大大增加，降低了并购的成功率（Finkelstein and Haleblian，2002）。但是，随着经验的积累，跨国并购经验丰富的企业能够掌握丰富的并购对象和东道国环境的信息，并能够据此制定合理的并购策略，而且能够更有效地利用外部资本、法律支持以及其他资源（Hitt et al.，1998）进行并购之后的整合（Dikova and Sahib，2013），从而提高了跨国并购绩效（Elango and Pattnaik，2011）。不过也有学者认为在新兴市场国家企业的连续并购中，第一次并购成功会导致管理者的自大行为，反而会对后期并购产生负面影响（Al Rahahleh and Wei，2012）。

（3）并购双方的企业规模

目前，新兴市场并购企业的规模对跨国并购绩效影响的研究并没有一个统一的结论。一部分研究基于资源基础观，认为企业的规模越大，跨国并购的绩效越好。原因在于：第一，企业的规模越大意味着企业拥有更多的金融、市场和人力资源（Bernard and Jensen，2004；Calof，1994），意味着企业具有较强的吸收能力；第二，跨国并购后的整合是一个长期的、成本巨大的过程，较大规模的企业有充裕的资产能够帮助企业应对并解决问题；第三，在跨国并购后，规模较大的企业更容易通过资源的获取实现规模经济，保证并购绩效。另一部分学者则认为，从委托代理的视角来看，企业的规模越大意味着对自由现金流的控制难度就越大，大企业的管理者在跨国并购中会支付更多的对价（Moeller et al.，2004），从而有损跨国并购的价值，Kohli and Mann（2011）的研究就证明了中小企业的跨国并购能创造更多价值。

除了并购方的企业规模，被并购企业的规模也会对跨国并购绩效产生影响。一方面，并购对象的规模越大，并购后整合的难度越大，因此，大量的研究认为并购对象的企业规模与跨国并购市场绩效呈负相关。但也有学者针对中国企业跨国并购研究后认为，并购对象的相对规模越大，并购企业在整合目标企业的过程中整合能力得到提升的可能性越大，从而并购后的经营绩效提升越多（Narayan and Thenmozhi，2014）。

（4）并购企业吸收能力

企业跨国并购的动因主要是资产增值和资源（包括市场）寻求（Dunning，1977，2006；Yiu et al.，2007）。新兴市场企业对海外战略资产的并购能够帮助企业提升自身价值（Seth et al.，2002；King et al.，2004），跨国并购并不能够解决企业知识不足的问题，因为战略性知识往往是隐性的、特殊的和复杂的（Amit and Schoemaker，1993）。因此，企业对知识和技术的吸收能力是影响新兴市场企业跨国并购绩效的重要因素（Bjorkman et al.，2007）。企业的吸收能力强调将外部知识与内部知识的融合并且消化吸收运用于商业活动（Cohen and Levinthal，1990；Zahra and George，2002）。

由于跨国并购中并购企业对目标市场和目标企业地区、文化等方面的差异信息了解不充分，存在信息不对称问题，所以并购企业会借助专业机构评估目标公司的价值、东道国的市场风险等，因此，聘用专业顾问对缺乏并购经验的新兴市场国家企业显得尤为重要，因其在一定程度上有助于企业吸收能力的增加。Servaes and Zenner（1996）的研究表明事件越复杂，并购方雇用专业机构的可能性就越大。一方面，专业机构有着丰富的并购经验，了解东道国所在地的政府政策与法律制度，可以深入调查目标企业（Angwin，2001）；另一方面，权威的专业机构在全球有分支机构，拥有大量的多文化背景的工作人员，他们可以帮助企业在跨国并购中克服文化、制度等方面的差异性，而且其在全球的网络系统也能够为并购中出现的困难提供解决方案。因此，现有的研究在专业顾问对于新兴市场企业跨国并购绩效的影响上基本达成了一致，聘用专业顾问有助于新兴市场企业跨国并购绩效的提升。

（5）并购目标上市

除并购目标的规模能够影响跨国并购绩效外，并购目标是否上市也是影响跨国并购绩效的重要因素。Fuller et al.（2002）的研究表明，当并购目标是上市公司时，跨国并购的绩效较差；而并购对象是非上市公司时，跨国并购带来显著的正向收益。研究认为这与管理者的管理动机息息相关，上市公司在本国市场中无论规模还是影响力都相对较大，管理者可以通过支付并购溢价让股东处于相对弱势的地位，从而掌握企业的控制权，Aybar and Ficici（2009）的研究也认为新兴市场企业缺乏经验，管理者会通过支付更多的溢价降低上市目标公司股东的抵制，从而造成并购方价值的损失，Zhu and Moeller（2016）针对中国企业在英国市场的跨国并购证明了上述效应。相反，Draper and Paudyal（2006）的研究则认为非上市公司的管理人员可以有效避免代理问题，从而增加在价格谈判中的力量，获得高价支付，造成并购方的价值损失。

（6）企业文化

针对中国企业跨国并购后整合难的问题，有学者认为企业跨国并购整合的实质是经济与文化的双重博弈，齐善鸿等（2013）提出了"道本管理、企业文化"在中国企业跨国并购整合过程中的作用，认为在经济顺势、文化逆势的博弈困境下，"道本文化"有助于解决上述困境，促进跨国并购整合绩效的提升。

（7）目标企业的创新能力

目标企业的资源是中国企业跨国并购获取技术、知识的来源，目标企业的技术资产能够帮助并购企业实现技术上的快速追赶，提升企业内部技术水平和技术经济结构（Lee and Yoon，2015）。因此，目标企业的技术创新能力能够促进中国企业技术跨国并购的绩效（Yoon and Lee，2016）。

（8）并购双方资源的相似性

跨国并购绩效还会受到并购后整合风险的影响，并购整合的风险越大，绩效越低。Chen and Wang（2014）对中国企业跨国并购的研究认为并购企业与目标企业内部资源的相似性会增加对企业的社会认同，并购后整合的风险降低，外部资源的互补能够降低外部的不确定性，从而降低跨国并购的整合风险。

（9）并购企业的治理水平

尽管没有文献证明新兴市场公司治理水平与跨国并购绩效之间的关系，但是我们不难发现，公司治理水平是影响企业跨国并购绩效的一个重要因素（Aybar and Ficici，2009）。一方面，代理理论认为企业的治理水平越高，投资者就会认为跨国并购中存在管理投机的可能性越小，也就是说，企业的治理水平决定了投资者对跨国并购的信心（Corenett et al.，2003；Kang，2006；Kroll et al.，1997；Matsusaka，1993）。另一方面，新兴市场企业落后的管理决定了企业治理水平对企业跨国并购的影响更为突出（Du and Boating，2012）。新兴市场企业落后的企业治理水平体现为宽松的信息披露要求、监管系统的缺失以及不发达的产权投资市场，进而导致管理者道德风险和投资者信心的丧失，进而影响跨国并购的绩效。

股权结构是影响企业战略决策和股东价值的重要治理因素之一（Jensen and Meckling，1976；Shleifer and Vishny，1997）。企业跨国并购是在董事会监管下的高管具体执行的重要战略，董事会代表股东利益。在新兴市场经济体中，由于中小股东权益保护以及外部市场有效管理的缺失，为减少股东与管理层之间的代理冲突（Claessens et al.，2002），上市公司的股权集中度普遍较高（La Porta et al.，1997；Masulis et al.，2007；Morck et al.，1988），集中的股权可以保证对管理层的监管，减少管理层的自由裁量权（Dharwadkar et al.，2000）；集中的股权能够帮助企业克服股权高度分散下中小股东的"集体行动"问题，大股东有能力并且有动力撤换低效率的管理层，降低股东与管理层之间的代理成本，并且大股东有足够的激励去收集信息、监督管理者以及承担开拓新业务的风险；另外，大股东对重大事件的投票权保证了管理者的决策不能损害股东的利益（La Porta et al.，1999；Shleifer & Vishny，1997）。但是另一方面，较高的股权集中度并不能完全解决企业治理中的代理冲突，在股权集中度较高的企业中，还会存在控股股东通过关联交易、转移倒卖等各种方式吞噬小股东利益的问题（Claessens et al.，2000；Dharwadkar et al.，2000），因此，研究认为相对于拥有单个大股东的企业，拥有多重大股东的企业能创造更多的价值（Laeven and Levine，2008；Maury and Pajuste，2005）。因此，Ning et al.（2014）针对中国企业跨国并购市场反应的研究发现，企业最大股东持股数和非控股股东的联合持股数与企业在跨国并购中的价值创造呈正相关。

另外，董事会规模和独立性也是企业治理水平的重要指标，较大的董事会规模和较强的董事会独立性能够促进对管理层的监管，有效避免委托代理问题，从而促进企业的跨国并购绩效（Ning et al.，2014）。

（10）并购企业是否存在机构投资者

机构投资者在跨国并购中的作用可以看作减少代理成本的替代机制。首先，机构投资者的管理人员通常都有着丰富的经验和较高的专业水平，他们更擅长信息解读和价值评估，能够及早识别控股股东和管理人员的机会主义行为，并采取相应措施予以制止（Davis，2001）；其次，分散的机构投资者通过不断交易，将他们获取的信息反映在股价上，从而制约管理层的行为（Edmans and Manso，2001）；最后，机构投资者能够提供大量的资金，为企业的国际化战略提供资金的便利。凌志雄、陶诗慧（2016）以 2008 年至 2012 年我国 A 股上市公司发生的跨国并购为样本进行的研究，证明了境内的长期投资者能够削弱代理成本对公司并购绩效的侵害，但机构投资者促进跨国并购绩效还受到东道国的制度环境负面调节、并购企业的国有属性和目标企业是否上市的正面调节（Zhou et al.，2016）。

（11）管理质量

基于新兴市场国家管理人才和先进管理经验的缺乏，管理层的能力对中国企业跨国并购绩效的影响尤为突出。管理层的管理质量通过两条途径影响中国企业跨国并购绩效。首先，投资者会对管理质量较高的并购企业持乐观的态度，认为其能够成功实施跨国并购，邵新建等（2012）的研究证明了管理层的能力表现越强，投资者预期其创造的协同价值越高。其次，管理质量越高，其越能够有效面对并购整合困境，Lim（2008）通过京东方科技集团股份有限公司和上汽集团在韩国的跨国并购案例说明，要保证跨国并购战略的成功，必须深入了解当地条件，根据当地条件进行弹性管理。

除上述因素外，影响中国企业跨国并购绩效的企业层面的因素还包括目标企业风险性、特质波动性以及可接近性等（Bhagat et al.，2011；Zhu et al.，2014；Aybar and Thanakijsombat，2015；Dashti and Schwartz，2015）。

以上研究关注并购主体层面因素对跨国并购绩效的影响，主要关注并购企业自身的特征、企业的管理质量等。在上述的研究中，学者们在关注企业层面因素的同时，还关注到环境对新兴市场企业跨国并购绩效的影响。从信息不对称的视角看，跨国并购绩效还会受到管理者与投资者之间信息不对称程度的影响，信息不对称程度越高，投资者对管理者的信心越不足，并购产生的市场回报就越小，而环境的复杂性加剧了管理者与投资者之间的信息不对称（Kang，2006）。外部环境越复杂，对并购企业高层管理者加工处理信息的要求也就越高（Finkelstein and Boyd，1998；Galbraith，1977），对投资者判断特定战略带来收益的难度就越大，Cheng and Young（2010）从信息不对称的视角发现环境的复杂性会加剧国有产权对跨国并购绩效的负面影响。下面我们将会考察新兴市场企业跨国并购的具体环境（包括国家层面的经济、文化、制度环境等）对并购企业价值创造的影响。

3. 并购环境层面

（1）文化距离

在跨国并购中，文化的不兼容性是造成跨国并购失败的重要因素（Aybar and Ficici，2009；Vaara et al.，2014），而不同国家的文化有着本质的区别（Hofstede et al.，2010）。现有研究考察文化距离对跨国并购绩效的影响时，认为其是一把双刃剑。一方面，基于跨国并购的交易成本理论（Berry et al.，2010）和合法性理论（Xu and Shenkar，2002），文化距离导致并购的交易成本增加，表现为沟通上、相互理解上的障碍以及员工的流失（Buono et al.，2002；Hofstede and Usunier，2003），从而增加了并购实施的成本（Cartwright and Cooper，1993），阻碍了并购后整合过程中并购方与并购标的之间的知识吸收和转化（Datta and Puia，1995；Geringer et al.，1989），不利于并购价值的创造。另外，对于并购方而言，文化距离越大，其在东道国经营的合法性就越弱，东道国对并购企业的认同度越弱，从而不利于并购的价值创造。另一方面，从知识的互补性角度考察，文化距离提供了知识互补的可能性（Björkman et al.，2007），如果能在并购方与目标方之间建立起互补关系和能力转移关系，将会有利于公司的并购绩效（Chakrabarti et al.，2009）。绝大部分针对中国企业跨国并购的研究发现，文化距离会对跨国并购绩效产生负面影响，Kung et al.（2010）以 1985—2005 年 92 起中国企业跨国并购事件作为研究样本，发现与东道国之间文化距离越大，跨国并购绩效越差；Reus and Lamont（2009）的研究证明了文化距离对跨国并购绩效有双重效应，认为进行文化整合是解决文化距离负面作用的关键，整合过程至关重要，但是研究并没有论证哪些因素会影响整合过程。

（2）制度因素

企业在跨国并购过程中，除了会受到来自不同文化差异性的影响之外，两国的政治、经济和法律制度也会影响跨国并购价值的创造。现有的研究主要关注母国制度环境、东道国制度环境以及制度距离对中国企业跨国并购绩效的影响。对于新兴市场企业而言，其跨国并购主要目的是获取先进的技术和有价值的资源，稳定的环境是企业实现跨国并购成功的关键所在，制度环境比文化距离更能反映外部环境的不确定性（Slangen and Tulder，2009）。

制度对跨国并购绩效的影响主要体现在对交易以及交易成本的影响，进而决定了经济活动的收益性和可靠性。一方面，完善的制度明确了跨国并购中的规则，节约了跨国并购中的时间，降低了理解复杂程序和烦琐法律的成本，如反垄断法、并购规则、企业制度等，企业在并购后能够非常清晰地了解与当地的供应商、消费者等利益相关者建立联系的规则，有利于跨国并购绩效的提升。另一方面，完善的制度意味着有力的法律执行力，能够有效保护并购战略中各利益相关者的利益，降低信息不对称的成本，降低不确定性和交易成本，从而提升跨国并购的绩效（Zhang et al.，2011）。再者，完善的制度提供了安全的环境，降低了并购的风险，促进了投资的安全性以及知识的学习与吸收（Berry，2006），进而提升了跨国并购的绩效。Chan 等（2008）的研究表明，相对于其他并购，目标企业来自制度发达国家的跨国并购绩效更高；Du and Boateng（2015）的研究则认为中国的外汇体制改革降低了官僚主义和跨国并购的成本，间接促进了跨国并购绩效。反之，政府的过度介入和官员寻租行为的增加对企业跨国并购绩效产生了负面影响（Yang and Zhang，2015）。

除母国和东道国各自制度因素的影响外，母国与东道国之间的制度距离也是影响中国企业跨国并购绩效的重要因素。现有研究普遍认为，对于并购方而言，制度距离越大，比较优势越大，可获取的制度套利的机会也就越多，这种制度套利包括异质性资源的获得、本国制度约束的规避等。Gubbi et al. (2010) 的研究结果同样认为，对于印度企业的跨国并购而言，目标国与母国的制度距离越大，跨国并购价值增加越多；李元旭、刘飓 (2016) 以中国企业的跨国并购为样本研究发现，制度距离能显著提升跨国并购交易的成功率。当然，也有学者从不同的视角，认为制度距离阻碍了新兴市场企业跨国并购，对新兴市场企业跨国并购绩效产生了负面影响。首先，并购双方所在国政治、法律和经济制度差异较大，投资者难以较快适应和服从东道国有关收购的规定，这将会增大双方的信息不对称性，降低交易程序的可预见性，提高谈判难度，不利于收购方及时制定有效的并购对策，使收购难度提高，带来低效的并购绩效 (阎大颖，2009)。此外，制度距离是影响跨国并购合法性的重要因素，在企业外部，制度距离会降低海外投资过程的可预见性，增加企业正确理解和解读东道国制度环境的难度，可能导致其无法做出适当的回应 (Kostova and Zaheer，1999)，东道国利益相关者会"刻板"地认为并购不存在合法性，进而影响跨国并购的市场反应；在企业内部，制度距离增加了母公司与公司、东道国员工之间的摩擦，增大了组织行为转移的难度 (Kostova，1996)。因此，当制度距离较大时，母公司对海外子公司的制度性安排可能会导致子公司对母公司股东及管理层的不满、不信任甚至拒绝，进而影响跨国并购后的整合，降低跨国并购绩效。

（3）行业特征

在新兴市场企业跨国并购的文献中，并购方是否属于高科技产业影响并购价值的创造。Aybar and Ficici (2009) 的研究证明了相对于普通产业，隶属于高科技产业的企业跨国并购绩效更差。对于新兴市场高科技跨国企业而言，技术的差距较大，并购过程中对目标企业的技术资产的信息不对称性就显得尤为突出，因此，支付更多溢价的可能性就越大，造成并购资产的损失。程惠芳、张孔宇 (2006) 对 2006—2014 年中国企业跨国并购绩效数据的研究，说明电子信息行业的股东财富效应显著大于家电行业的股东财富效应。

行业特征对企业跨国并购绩效的影响还体现在并购方与目标企业产业的

关联性上。一方面，并购企业与目标企业的关联能够通过增强企业吸收能力进而促进企业跨国并购绩效。Faccio（2009）在研究发展中国家跨国并购的动因时关注到了发展中国家的独特性，研究结果显示，包括中国在内的发展中国家实施跨国并购的主要动因并不是一味地追求传统的协同效应或者降低成本，而是为了获取资源、技术、品牌，提高管理水平、研发能力等长期战略性目标；相同行业的企业在日常管理、消费者、供应商以及对管理者和员工的要求上具有共同性和相似性，知识的共同性和相似性有利于并购方对知识的吸收与消化，从而有效实现并购后的整合。有学者对 2001—2011 年中国上市企业 367 起跨国并购事件进行研究发现，并购企业与目标企业所属产业一致能够促进跨国并购价值的创造（Markides and Ittner，1994；Shimizu et al.，2004）。但是，也有研究基于多元化经营分散经营风险视角的研究，认为相同产业的并购双方难以实现经营多元化，Aybar and Ficici（2009）和 Bhagat et al.（2011）以新兴市场企业跨国并购为样本的实证研究证明了并购方与目标企业相同的行业属性损害了并购后的价值。

除上述影响因素外，针对中国企业跨国并购绩效的研究还认为目标企业所属行业的敏感性会遭遇更严格的审查，降低并购的成功率（李诗、吴超鹏，2016）；汇率的改变会影响并购企业支付的总成本（顾露露 and R. Reed，2011；Hu et al.，2016）；在特定的行业，如石油行业，国际油价的变动会影响跨国并购的成本（张意翔等，2010）。基于中国企业跨国并购绩效的影响因素的现有研究成果，构建了中国企业跨国并购绩效影响因素的整合模型框架图，如图 2-2 所示。

综上所述，中国企业跨国并购的影响因素主要来源于交易层面、企业层面以及外部环境层面等。具体而言，交易层面的因素主要包括跨国并购交易的支付方式、融资方式（内部融资、债券融资）和并购模式（横向并购、纵向并购）；企业层面的因素包括并购企业的特征和目标企业特征，企业的国有产权、并购经验、企业规模、吸收能力、是否上市、战略资源相似、企业文化以及企业的管理因素；外部环境层面主要包括文化距离、制度因素以及行业特征。上述因素对中国企业跨国并购绩效影响的理论依据包括信号释放理论、资源基础理论、委托代理理论、制度理论、成本理论和网络理论等。

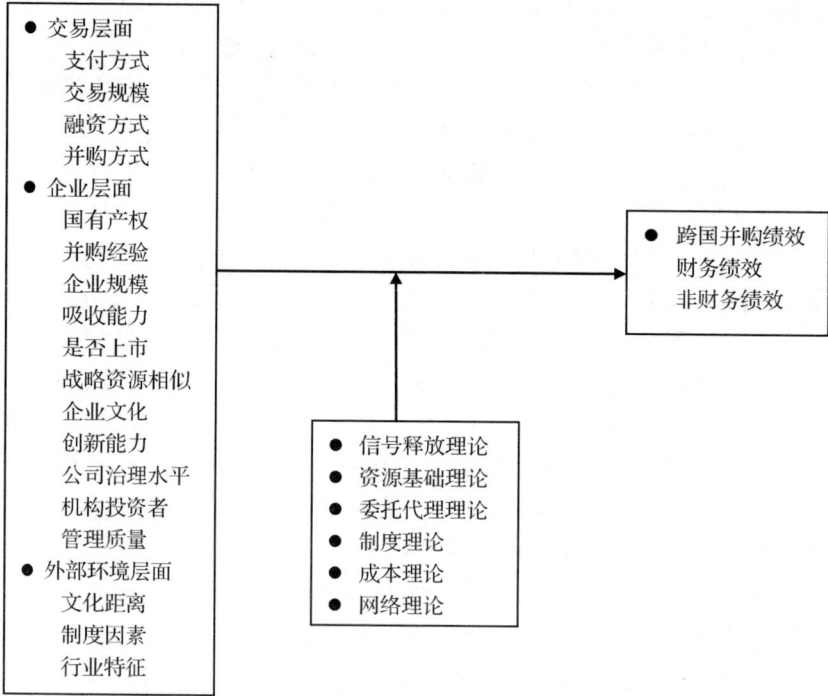

图 2 - 2　中国企业跨国并购绩效影响因素整合模型图

（三）中国企业跨国并购绩效影响因素的述评

在对中国企业跨国并购绩效影响因素的研究中，学者们主要关注中国企业面临的跨国并购情境与发达国家企业跨国并购的差异，如政府的作用、企业的吸收能力等，相对集中在企业层面和环境层面因素的影响，往往忽略了并购者内部要素的作用。李维安等（2014）认为虽然政治风险、东道国等外在因素可能对跨国并购绩效产生影响，但是管理者的决策作为内部因素更为重要，性别、年龄、学习工作经历和信仰等背景特征方面的差异导致管理者的行为选择具有较大的差异性（Hambrick and Mason，1984；Tihanyi et al.，2000；姜付秀等，2009）。事实上，对于中国企业的跨国并购而言，影响其成败的因素不仅体现在企业和环境层面，企业高层管理者决策的质量同样会对企业"走出去"的步伐和效率产生重要影响；另外，中国企业跨国并购中不乏成功者，而这些并购的成功除有制度和资源的保障外，个人和团队的因素不容忽视。跨国并购是一个复杂的过程，在这个过程中企业面临着无数决策的制定和实施，而这些决策都是由高管个人或者高管团队完成，因此，高层管理者的经营能力尤为重要。一方面，并购前并购对象的识别、并购中交易方式的选择以及并购交易完成后协同价值的创造都直接与并购方公司管理层的经营能力直接相关；另一方面，管理者的能力越强，市场对跨国并购的信心越强。不管从市场的反应还是并购过程来看，管理层决策的质量越高，并购方公司股东获益也越多（Lang et al.，1989；Servaes，1991；邵新建等，2012）。自 Hambrick and Mason（1984）提出高阶理论以来，涌现出大量的关注高管团队对企业战略决策、治理绩效影响的研究，虽然在企业跨国并购文献中也存在大量的关注企业高层管理者背景特征对跨国并购绩效影响的研究，但是在研究中国企业跨国并购绩效影响因素的研究中，对高层管理者的作用关注较少，零星的研究主要集中在高管的过度自信对跨国并购绩效的影响（张兰霞等，2015）、高管网络对跨国并购融资约束的影响（危平、毛晓丹，2017）等，关注的都是个体知识作用的发挥，而高阶理论强调团队知识的作用。随着经济全球化，拥有海外经历成为我国企业高管团队的重要特征，从高管团队层面考察高管团队海外经历对中国企业跨国并购绩效的影响有着重要的理论意义和实践意义。

二、高管团队海外经历文献综述

因为跨国并购隶属于企业治理的一部分，因此，我们首先回顾高管团队海外经历对企业治理绩效的影响，为研究高管团队海外经历对企业跨国并购绩效的影响提供基础。

拥有海外经历是高管团队的重要特征之一，其对企业治理的影响很早就被学者们关注并加以研究。Rorth（1995）研究了美国资本市场中企业的海归高管，发现海归高管的国际经验能够带来更为宽广的知识和海外的网络关系，进而促进企业的绩效；Carpenter et al.（2001）基于资源基础观，通过对美国公司的观察发现，CEO 的海外经历能够带来独特的、稀缺的资源，从而提升公司的价值，但这种作用的发挥受到企业动态能力的影响；企业动态能力包含整个高管团队的海外经历以及企业的全球化战略定位，因为在高管团队有海外经历或者企业有全球化战略定位时，CEO 的海外经历的价值才能被认同和接受，从而发挥作用。而 Masulis et al.（2012）的研究表明，外籍独立董事相对于本土的董事而言，参加会议的频率较低，对 CEO 的监督不得力，容易产生财务虚报以及导致 CEO 离职敏感度降低，进而影响企业的绩效。但是大部分研究是针对发达国家企业高管海外经历作用的研究，随着新兴市场企业的快速发展和高管团队的国际化，越来越多的研究开始关注新兴市场企业高层管理者的海外经历的作用。已有文献显示新兴市场企业高管团队海外背景是一把"双刃剑"，既能够促进企业的整体绩效，也会对企业的整体绩效产生负面的影响。

（一）高管团队海外经历影响企业绩效的理论基础

1. 高阶理论

自高阶理论提出以来，其已经成为解释企业高管团队特征与企业绩效之间关系的重要理论之一。该理论认为组织中的高管层是战略决策的主体，他们根据自身的心理特质进行有限的理性决策，要理解组织运作，就需要了解高管人员；与单个高管人员特征相比，高管层整体特征能更好地预测组织产出。因此，高阶理论以整个高管团队作为研究对象，认为高管团队每个成员都具有不同的价值观、有着不同的认知水平，这些特征会相互影响，影响企业重大战略决策的选择，进而影响企业的绩效。考虑到实际研究中获取大样本高管人员心理数据的困难性，高阶理论选用高管的人口统计学特征（年龄、性别、工作任期、教育水平、海外经历等）来替代认知水平和价值观，实证研究证明了高管的人口统计学特征与企业绩效之间关系显著（Kahalas and Gorves，1979；Walsh，1988）。

在具体的作用机制上，Finkelstein and Hambrick（1996）的研究模型强调了在团队运作过程中，高管团队结构和特征对组织绩效影响的中介作用，认为团队成员之间的协调、沟通、冲突处理、领导和激励等行为在提升组织绩效过程中起到关键性作用。Carpenter 在 2004 年对高阶理论进行进一步的研究，认为高管特征对企业绩效的影响还受到情境因素的影响，情境因素包括国家层面、企业层面和领导力层面。Hambrick（1996）从高管团队组成、团队结构以及团队运作过程三个方面来考察高管特征对企业绩效的影响。Hambrick（2007）回顾了高阶理论提出的最初背景，重申了将整个高管团队作为研究对象的重要性和必要性，认为"高管自由裁量权"和"高管工作需求"等变量能够调节高管团队作用的发挥，需要谨慎地加以考虑。

考虑到高阶理论是在西方背景下产生的理论，其在中国背景下是否依然适用的问题，国内学者对高阶理论进行了进一步的探讨。孙海法和伍晓奕（2003）回顾了1984—2001年以高阶理论为基础进行的一系列相关研究，并在此基础上建立了高层管理团队运作效率研究的理论模型。该模型强调运作过程的中介机制，将社会整合、沟通、冲突等构念作为解开团队运行"黑匣子"的因素，并且强调了文化背景、组织环境等影响因素，更全面具体地衡量了高层管理团队运作的影响因素。因为组织是一个多层次的系统结构，表现为个体、团队（群体）、组织（部门）、行业以及文化等多重特征的跨层次的结合与影响（陈晓萍等，2008）。陶建宏等（2013）认为无论是从微观层次的个体团队层面，还是宏观层次的情境层面，都无法轻易忽略其他层次对其的限制与影响，也无法精确、全面地解释组织行为。高阶理论应该做"跨层次（Cross – Level）"整合性研究，从高层管理团队成员的个体特征（个体层次）—团队特征与团队运作（团队层次）—组织绩效（组织层次）的逐层递进的逻辑对文献进行"跨层次"整合，同时考虑文化、行业等情境在不同层次中的调节效应。

高阶理论在当前企业管理实践和研究中仍然具有重要的作用，进一步的理论拓展方向包括本土化研究，例如在不同的文化背景下高管团队的背景特征千差万别，绝不仅仅止于团队规模、教育程度、任期和经验等基本变量。针对我国的具体情境，可以深入探索中国独特的文化背景下符合中国国情的变量，如特定时代背景、政府关系网络等，对我国企业高管团队的建设与优化具有重要的实践意义。另外，尽管学者们已经关注高管团队内在运行过程的作用，但大多停留在理论探讨阶段；进一步的研究可以进行高管团队认知、价值观等心理特征，以及沟通、冲突、行为整合等运作过程的实证探索。

2. 知识基础观

知识基础观是在资源基础观的基础上发展而来的，认为知识是企业赢得竞争力最有价值的战略资源，但是由于知识由个体创造，因此，企业能够赢得竞争力取决于对来自不同个体知识的整合能力（Ghoshal and Moran，1996；Grant，1996；Kogut and Zander，1992；Nonaka，1994；Spender，1996；Teece，1998）。知识基础观强调以知识为基础的活动和功能的区别，强调知识可以从外部获取，公司之间的异质性知识基础和能力决定了企业持久竞争力和企业绩效。

　　知识包括显性知识和隐性知识。显性知识是指那些能写下来、编码和解释，并能被企业内部或者企业外部具备一定知识基础的任何人所理解的知识，对显性知识尽管可以通过专利等手段进行保护，因为其理解的难度小，被认为是透明的，不能给企业提供超过其他企业的额外收益，只是一种短期优势；隐性知识（Polanyi，1966）是指隐含于行动之中并且与具体环境氛围紧密联系的知识，内在地与企业基于任务环境的能力相关，如技术和经验知识，在不同任务环境、不同成长路径以及不同的组织文化的企业中产生的隐性知识并不相同，这种知识完全嵌入在个人身上，根植于企业的实践与经验之中，为了从这种知识中获得竞争优势，企业必须具备对知识进行吸收、消化和使用的能力（Kogut and Zander，1992；Nonaka，1994）。对于新兴市场企业而言，其高管的海外经历所带来的技术、管理经验、市场经验等隐性知识，如果企业具备一定的吸收、消化和利用能力，企业将形成核心竞争力。

　　中国古人早在 2700 多年前就明白了向他人学习的重要性，《诗经》中有"他山之石，可以攻玉"之说，说明了其他地方的知识能够用来解决本地的问题。对于当前的新兴市场企业来说，从海外学习知识是实现快速追赶发达国家企业的重要途径之一，具有海外经历的人才往往被认为具有较高的学历、社会声望以及解决问题的能力，这些往往是企业取得成功的关键性因素（Li et al.，2014；EI - Khatib et al.，2015）。海外知识特别是发达国家的知识可以通过多种途径传入新兴市场企业并被利用，企业可以通过跨国公司在本土 FDI 溢出效应吸收海外知识（Yan Zhang et al.，2010），可以从企业海外股权的引入吸收海外知识（Aggarwal，Erel，Ferreira and Matos，2011；Guadalupe，Kuzmina and Thomas，2012），还可以引进具有海外经历的人才进入企业工作获取知识。由于跨国公司的 FDI 溢出与海外股权所带来的知识吸收是一种被动吸收，主动权更多地掌握在海外企业一方。因此近年来，新兴市场国家企业意识到高管海外经历中包含知识的重要性，纷纷加大了吸引海外人才回流的力度，世界银行 1993 年的报告强调了海外留学人员的回流很难将知识与其拥有者进行分离；因此，企业开始通过引进人员进入企业工作的方式实现知识的流动（Song et al.，2003）。尽管内生性增长理论认为受到物质资源和人力资源规模效率递增和技术地理性的限制，新兴市场国家很难实现技术上的追赶（Romer，1990），但是，20 世纪 80—90 年代的韩国和中国台湾地区就是采用这种方法实现了在特定领域对发达国家的追赶（Song et al.，2003；Cho and Song，1990；Hou and Gee，1993；Kim，1997；Cho，Kim and Rhee et al.，1998）。中国中央组织部在 2008 年也启动了全国范围内的名为"全球专家招聘"的海外人才回流政策，给予国家层面上的高薪、免税等各项政策，实现了企业绩效的增长（Giannetti et al.，2014）。

3. 社会资本理论

社会资本自提出以来一直饱受争议，学者们从不同角度对社会资本进行了概括。法国社会学家皮埃尔·布尔迪厄（P. Bourdieu）首先对社会资本进行了系统的表述，认为社会资本是"现实或潜在的资源集合体，这些资源与拥有或多或少制度化的共同熟识和认可的关系网络有关，从集体拥有的角度为每个成员提供支持（Bourdieu，1986）"；社会资本研究中最有影响力的是美国社会学家詹弗斯·科尔曼（J. G. Coleman），他将社会资本定义为"个人拥有的社会结构资源，能促进处在该结构内的个体的某些行动"；Granovetter 的"弱关系"理论强调了社会资本的嵌入性，并受到关系强度的影响；博特的"结构洞"理论把社会资本定义为网络结构给网络中行动者提供信息和资源控制的程度，强调了与之前学者相反的视角——已建立的关系网络中是否重复或冗余是社会资本最重要的影响因素，而不是关系的强弱。社会资源论的提出者林南对社会资本的概念界定、指标测量和模型构建做出了突出贡献，林南（2005）认为资源是所有资本理论尤其是社会资本理论的核心，而将社会资本定义为在目的性行动中被获取的和（或）被动员的嵌入社会结构中的资源。这些嵌入社会网络中的资源如财富、权力、地位和声望等，可以是一个人直接拥有的，也可以是个人通过直接或间接的社会关系获取的。

总体而言，以上几种具有代表性的社会资本定义都承认社会关系网络在社会资本中的基础地位，但强调的内容各有侧重。例如，科尔曼的定义从社会资本的功能出发，"弱关系"理论强调行动者之间关系的强度；而"结构洞"理论关注行动者在社会网络中的位置对于竞争力的影响；社会资源理论则重视行动者中嵌入网络中所获取的资源的性质。正是由于学者们对于社会资本定义的差异性和模糊性，导致了很多"理论和测量上的歧义"（Lin，1999），给进一步的操作化和实证研究造成阻碍。社会资本是指社会成员和社会团体因占有不同的位置而获得不同的实际或潜在的资源集合体（Bourdieu，

1986）。

近年来，在战略管理领域，大量研究关注社会资本与企业绩效之间的关系，其中高管的社会资本与企业绩效之间的关系就是一个重要组成部分，如 Moren（2005）研究管理者的结构嵌入和关系嵌入两个维度的社会资本对企业绩效的影响。社会资本是企业获取关键资源提升战略地位的重要工具（Alvarez and Barney，2001；Hitt and Ireland，2000），拥有这种社会资本的企业管理者拥有良好的识别机会和进行发展的能力（Burt，1997）。高管的海外经历能够为企业提供海外网络关系，能够带来潜在的资源、信息和创意，是社会资本的一种形式。企业高管的海外经历与企业海外商业网络的发展有直接的联系，高管通过海外网络积累社会资本将国内情境与海外市场联系起来。Zweig et al.（2005）认为，将海外归来人员的海外联系、海外的教育培训或者是跨国网络视作一种"跨国资本"，能够帮助企业获取有价值的资源，促进企业的绩效。因此，可以用社会资本理论解释企业高层管理者的海外经历对企业绩效的影响，高管的海外经历所带来的社会资本也可以看作团队的知识。

（二）高管团队海外经历对企业绩效的影响

随着经济全球化进程的加快，海外经历已经成为管理者的一个重要特征，尤其对于中国企业而言，随着具有国际化背景的人才进入企业高管团队，大量文献开始关注拥有海外经历的高管对企业治理的作用。根据对高管海外经历影响企业绩效的文献进行归纳整理，可将现有研究分为两个部分：一部分为高管团队海外经历对企业价值创造过程的影响，另一部分则探讨高管团队海外经历对企业价值创造结果的影响。

1. 高管团队海外经历对企业价值创造过程的影响

（1）高管团队海外经历与品牌战略

成功的品牌是提升企业价值的重要无形资产（Abdel - khalik，1975；Hirschey and Weygandt，1985；Simon and Sullivan，1993；Aaker and Jacobson，1994；Barth et al.，1998），企业从制造战略转向品牌战略是新兴市场企业实现战略升级的重要环节。根据高阶理论，企业高层的年龄、性别、教育、工作经历等个体特征决定了其价值观念和认知基础（Hambrick and Mason，1984；Wally and Baum，1994），进而决定其战略选择（Forbes and Milliken，1999；Rindova，1999）。Birnik et al.（2010）和 Roll（2006）认为亚洲的品

牌成功依赖于高层管理者的认知，企业价值的创造取决于无形的品牌资产而非有形的制造资产。

Sambharya（1996）的研究认为海外经历高管比例越高的企业，全球市场的参与度就越高，Aaker and Joachimsthaler（2000）的品牌领导模型认为高管海外教育经历能够扩展其在全球的产品市场和全球消费者文化差异方面的认知基础（Henderson et al.，2003），并且在全球范围内发展成功的品牌。因此，具有海外经历的高管在选择品牌战略时，有能力解决国际文化差异（Forbes and Milliken，1999；Rindova，1999），Tseng（2016）对中国台湾地区企业的研究也证明了董事海外的教育经历能够促进企业从制造战略向品牌战略升级。

（2）高管团队海外经历与国际化战略

基于获取资产和海外市场等目的，国际化已成为新兴市场企业实现增长的一种重要战略（Lu et al.，2010），但是相对于发达国家的大型跨国企业，新兴市场企业在国际化过程中资源相对匮乏，推动其国际化经营的动因在哪里便成为学者们关注的焦点。对于这个问题的探讨，大量研究集中在宏观环境因素以及企业国际化经验等方面，但近年来，随着研究的进一步深入，学者们开始探索企业高管层面的因素对新兴市场国际化战略的影响（Giannetti et al.，2015；周泽将等，2017）。高管团队海外经历对企业国际化战略的促进以社会资本理论和资源基础观为基础，企业所掌握的资源和能力是企业实施国际化战略的决定性因素（Peng，2001）。高管团队的海外经历是企业的一项重要资源和社会资本，有海外经历的高管会在经营过程中利用其对国际市场的了解和在国际商业网络资源进行国际市场开拓，并且在国际化过程中能够获取国际社会的信任，同海外上下游供应链厂商进行有效沟通，降低企业国际化的交易成本（周泽将等，2017）。

（3）高管团队海外经历与企业创新

创新能力一直被认为是经济增长的重要驱动力和企业持久竞争优势的主要源泉，近年来的研究普遍认为高管的海外经历能够促进企业的创新。张信东、吴静（2016）基于资源基础观和知识基础观的研究认为，拥有海外经历的高管不仅掌握先进技术，而且拥有敏锐的创新意识，能够较为准确地识别国内与国外的技术差距，并能够迅速发现并抓住创新机会，进而提高企业的技术创新水平。另外，拥有海外经历的高管在创新上具有一定的心理资本优势和社会资本优势，范巍、蔡学军（2011）对拥有海外经历的高管进行人格测试，并将结果与国内中高层管理者比较，发现拥有海外经历的高管对自己的智力更有自信，更具有远见卓识，更喜欢创新和变化。另外，拥有海外经历的高管还能够通过在海外建立的社会关系网络捕捉最新科技动态、获取先进科研成果，这些都将成为其把握商业先机的独特优势。

2. 高管团队海外经历对企业价值创造结果的影响

（1）高管团队海外经历对企业绩效的促进作用

高管的海外经历对企业价值创造结果的影响体现为对企业绩效的影响，现有大部分研究认为高管团队海外经历能够促进新兴市场企业的发展，如Wang et al.（2014）从商业历史的角度发现，在中国 1850 年至 1940 年近百年的工业历史中，中国的"海归"利用在海外学到的先进科学技术和管理理念推动了中国工业和服务业的迅速发展。Song et al.（2003）注意到海归高管的流动极大地帮助了中国等新兴经济体的赶超，Filatotchev et al.（2009）和 Liu et al.（2010）的研究也发现在本土企业中，"海归"创立的企业有着更为可观的出口强度和创新绩效。

高管团队海外经历主要通过资源提供、职能履行、团队有效运行等机制促进企业绩效。首先，高管的海外背景能够给企业带来知识、信息和社会资本，拥有海外经历的高管了解海外企业的运行方式，能够促进企业吸纳海外企业先进的管理经验，促进企业的绩效和生产力（Bloom and Reenen，2007）。高管的海外经历还能够为企业提供海外的网络资源，帮助企业获得国际融资和国际化，从而提升企业的国际化绩效（Giannetti et al.，2014）。其次，从高管职能履行的角度思考，高管的海外经历特别是在发达国家的海外经历，能够增强其对高管职能的有效履行。Giannetti et al.（2014）对中国企业董事会的海外经历作用的研究认为，具有海外经历的董事会能够提供更有效的监管，拥有海外经历的董事会成员相对于国内董事，其具有相对的独立性，不受国内人情的限制，更注重企业的盈利能力而非对上层的讨好或者迎合，因此在监管上会更具效率，从而提高企业治理绩效。

除此之外，拥有海外经历的高管还能够通过提升团队的运行效率促进企业绩效，这一点主要体现在高管团队海外经历异质性的作用上，高管（包括董事）海外经历对企业绩效的促进作用不仅体现在高管个体的海外经历上，团队海外经历的异质性也能够促进企业的绩效。大量的研究证明企业高管国籍的异质性能够促进企业进入海外市场，带来更高的绩效（Carter et al.，2003；Masulis et al.，2012；Miller and Triana，2009；Nielsen，2010），高管团队海外经历的异质性能够给团队带来更多的创意、特殊的方法和可获取的知识，进而促进创新、决策的质量和企业的绩效（Harrison and Klein，2007；Williams and O'Reilly，1998）。Watson et al.（1993）的研究认为，高管团队中如果拥有不同海外经历的高管，就容易发起有建设性的争论，从而制定出更适合公司发展的战略，带来企业整体绩效的提升。

另外，从信号理论出发，高管的海外经历不仅体现在对经营管理的资源提供、职能履行和团队运行效率方面，还体现在其海外经历带给市场正面的信号。从市场反应来看，新兴市场企业高管海外经历意味着高管团队的国际化，具备先进的管理水平，遵循国际化标准，能够获取投资者的信任，从而促进企业的市场价值（Oxelheim and Randoy，2003）。

（2）高管团队海外经历对企业绩效的负面影响研究

虽然大部分研究的结果认为高管团队的海外经历能够提供更多更新的资源创意、更强的监管和更好的市场反应，带来企业绩效的提升，但是也有研究证明高管的海外背景对企业治理存在负面的影响，主要体现在以下几个方面：第一，具有海外经历董事的加入打破了原有的董事会格局，特别是当原有的董事会偏于保守时，这种负面的效应会更加突出，因为接受多种文化经历的董事更偏向于创新与冒险，而偏于保守的董事会不愿意打破原有的格局，因此，两者之间的冲突会产生，进而影响企业的有效治理；第二，尽管有海外经历的高管给企业带来了丰富的知识和能力，但拥有海外经历的这部分高管往往缺乏本土资源的积累，Duan and Hou（2015）考察了中国上市企业任命"海归"CEO对企业的影响，结果显示，尽管"海归"CEO能够带来更多的专业知识、声誉和解决问题的能力，但国内的本土资源比较缺乏，如国内的政治联系和关系网络，而在新兴市场国家，本土资源对于企业的发展至关重要（Allen et al.，2005）；第三，具有海外经历的董事特别是外籍董事，与董事会的融合相对较难，其参与企业治理的动力不足，Masulis et al.（2012）的研究就表明，外籍独立董事相对于本土董事而言，参加会议的频率较低，对CEO的监督不得力，容易产生财务虚报以及CEO离职敏感度的降低，进而影响企业的绩效。

3. 高管团队海外经历促进企业绩效的影响因素

高管团队海外经历通过影响企业决策行为进而影响企业价值创造，无论是理论研究还是实证研究并没有统一的定论，原因在于企业的决策行为通常高度依赖于其所处的内外部情境，高管团队海外经历与企业绩效之间的关系受到一系列限定性因素的影响。通过对文献的梳理，我们发现影响新兴市场国家企业高管团队海外经历对企业绩效作用的因素主要有以下几种。

（1）本土知识和本土联系

尽管海外经历能带给企业先进的技术和商业知识，但是企业在经营过程中仍然会面临一些挑战，诸如环境巨变、复杂的商业关系和不同市场情况等，需要拥有海外经历的高管同时具备本土知识，拥有本土知识能够促进企业绩效（Bjorkman et al.，2007）。这些本土知识包括特定的语言、文化、政治、社会和经济等知识（Cuervo-Cazurra et al.，2007；Inkpen and Paul，1997；Makino and Delios，1996）。本土文化能够提供价值观、信仰等可持续的体系，帮助维系社会组织和合理行动（Norgaard，1994；Tung，2008），本土的商业知识包括本土的竞争对手、本国法律、本国商业环境和本土的消费者基础，这些构成了企业的无形资产，提供如何去获取劳动力、销售渠道、基础建设、原材料和商业经营所需要素的信息（Makino and Delios，1996；Zaheer and Zaheer，1997）。而长时间的海外工作、学习和生活经历使这些高管对本土知识了解甚少，不能很好地理解本土社会、文化和制度的变化，而在新兴市场国家，战略要素市场没有充分发展起来，本土的联系和知识对于企业的经营管理非常重要（Li and Atuahene-Gima，2001，2002；Peng and Luo，2000；Zhang and Li，2010）。Dai and Liu（2009）对中国中关村"海归"创业者进行的研究发现，"海归"创业者的本土知识能够增强海外经历对企业绩效的正向促进作用。

（2）国有产权和政治关联

在大部分新兴市场国家，政府主导战略资源的配置（Li and Atuahene-Gima，2001），因此企业与政府之间的关联对企业的发展有着重要意义，与政府联系紧密的企业能够获取更多的制度和战略上的优势（Tan et al.，2007）。具有海外经历的高管多年的海外生活使其已经脱离了本土的社会情境（Qin，2007），获取本土知识和资源的难度较大。由于新兴市场生态系统发展不完全，"海归"高管很难将自己在海外习得的技术和管理技能运用到企业中为企业创造价值，拥有国有产权的企业与政府关系紧密，其能够快速有效地获取互补性资源，拥有海外经历的高管的技术和管理技能才能得到更充分的发挥，创造企业价值。Li et al. （2012）对中国"海归"创业的研究证明了企业的国有产权能够帮助企业克服国内资源不足的劣势，更好地促进企业的绩效；但是周泽将等（2017）的研究认为，企业政治关联所带来的资源会对高管海外经历带来的国际资源产生替代作用，政治关联所带来的诸多国内优惠政策将会使企业国际化经营成本相对上升，削弱高管海外经历对企业国际化的促进作用。

（3）本土嵌入

国内联系和本土知识的缺乏是拥有海外经历的高管创造企业价值的主要障碍之一，除了国有产权的介入能够帮助克服这种劣势，拥有海外经历的高管在本土工作的时间也能够帮助其克服这一劣势。现有的文献认为高管的个人联系能够帮助企业建立重要的外部联系（Gulati and Higgins，2003；Li and Zhang，2007），高管在国内工作的时间越长，其建立的本土联系就越多，能够帮助其较好地克服本土资源缺乏的劣势，将自己的海外技术和管理技能更好地用于企业价值创造。

另外，即使拥有海外经历的高管在本土工作的时间不长，但其所在的企业成立的时间较长的话，也能够帮助其克服本土资源不足的劣势，成功的社会网络建立的基础是相互的自我表露和相互动态互换（Chen and Chen，2004），拥有海外经历的高管在成立时间较长的企业工作，企业能够帮助其与本土交易伙伴建立信任，因此，企业本身嵌入的本土知识能够帮助拥有海外经历的高管获取本土知识，Li et al.（2012）对中国"海归"创业的研究也证明企业年龄能够提升"海归"领导者在企业价值创造上的作用。

（4）海外经历来源

首先，高管海外经历来源国是否属于发达国家会影响高管海外经历对企业绩效的影响。Darmadi（2013）研究了印度尼西亚上市公司CEO和董事会成员的海外教育经历对公司绩效的影响，认为高管和董事在发达国家的教育经历意味着更高的智商、更开放的思想以及更熟练的语言能力，因此能够给企业带来更好的财务绩效。

其次，在企业的跨国并购战略行为中，跨国并购东道国与高管海外经历来源国是否一致也会影响高管海外经历作用的发挥。高管海外经历通过影响新兴市场企业的跨国并购和国际资金融通影响企业绩效，Giannetti et al. (2014) 的研究证明在新兴市场企业中，董事会中"海归"能够促进企业跨国并购与境外融资，当董事会成员海外经历来源于东道国时，或者是董事会成员海外经历来源于海外融资机构所在国时，董事会成员海外经历对跨国并购和境外融资的影响更大。

最后，高管海外经历通过影响企业治理对企业绩效产生影响。企业治理效率体现在跨国并购绩效的市场反应、管理层盈余操纵、CEO 离职—业绩敏感性 (Lang et al.，1991；Leuz et al.，2003)，消极的跨国并购市场反应、企业可操纵性盈余利润高或者对 CEO 离职—业绩敏感性较弱都意味着企业治理标准低。Masulis et al. (2007) 和 Giannetti et al. (2014) 的研究证明了如果董事的海外经历来自投资者保护指数 (La Porta et al.，1998) 较高的国家，意味着企业将会有更高的治理标准，董事海外经历的作用才能够发挥，且更好地促进企业绩效。

(5) 高管的个人威望

企业高层管理者构成是解决企业外部资源受限的重要途径之一 (Galask-iewicz，1985；Zahra and Pearce，1989)，新兴市场国家由于法律环境不完善，更是如此 (Jackling and Johl，2009；Kakabadse，Yang and Sanders，2010；Klapper and Love，2004)。根据声誉模型 (Podolny，1993，2005；Stuart and Hybels，1999)，高管在海外的学位所带来的声誉能够影响企业利益相关者声誉水平 (Peterson and Philpot，2007)，在高语境文化中如中国文化中更是如此 (Copeland and Griggs，1986；Hall，1976)。在国内，名校网络是高管就业的主要渠道 (Kim，2005)，高管海外求学学校的声誉直接影响对其提供知识的接受度以及对具有海外经历的信任度。尽管中国国内存在一流高校，但是每年仍有大量优秀学生选择出国到全球著名的高校进行深造。

除了在国外的高校习得的知识以及提升自身的内容之外，高管留学海外高校的声誉同时也是在向企业的利益相关者释放积极的信号，从精英学校毕业被看作一种社会资本 (Useem，1984；Useem and Karabel，1986)，为将来在企业中构建未来的友谊和合作奠定基础，高管求学学校的整体声誉、地位和网络收益都来自学校的品牌，其是获取个体合法性和声誉的重要途径 (Kim，2005；Seth，2002)。Lee and Roberts (2015) 的研究认为，"海归"独立董事的声誉能够影响其改变战略决策的能力，也就是说，毕业于更好声誉学校的董事能够带来更多的战略变化。

（6）海外股东

基于产权结构对企业治理以及企业绩效的影响（Tuschke and Sanders，2003），大量研究关注海外投资者在企业治理中的作用（Choi et al.，2012；Dahlquist and Robertson，2001；Douma et al.，2006；Kang and Stulz，1997）。Ahmadjian and Robbins（2005）的研究指出，20世纪90年代外国机构投资者的进入导致日本企业大规模重组，甚至击碎了国内强大利益相关者资本主义的传统。外国投资者能够增强"海归"独立董事在董事会中的权力和合法性（Lee and Roberts，2015），高层管理者在企业中进行战略决策的制定和实施都需要在企业中具备一定的权力和合法性。企业中的外国投资者往往对全球性的顶尖院校比国内的顶尖院校更为熟悉，这种了解降低了国内股东与外国股东关于"海归"市场的信息不对称。另外，"海归"还因为与海外股东具备相同的认知和价值观而容易得到海外股东的支持，具备海外知识和教育背景的"海归"能够在高管团队中获取更高的地位（Deutsch and Ross，2003），并且通过海外投资者的认可获得在企业中更多的合法性，地位和合法性的取得能够增强其在企业中的权力。因此，企业的海外股东的股权比例越大，将会给拥有海外经历的高层管理者带来更多的机会和权力履行其职能，促进企业绩效。

基于上述高管团队海外经历对企业绩效影响的文献综述，本书构建了高管团队海外经历影响企业绩效的整合模型框架图，如图2-3所示。

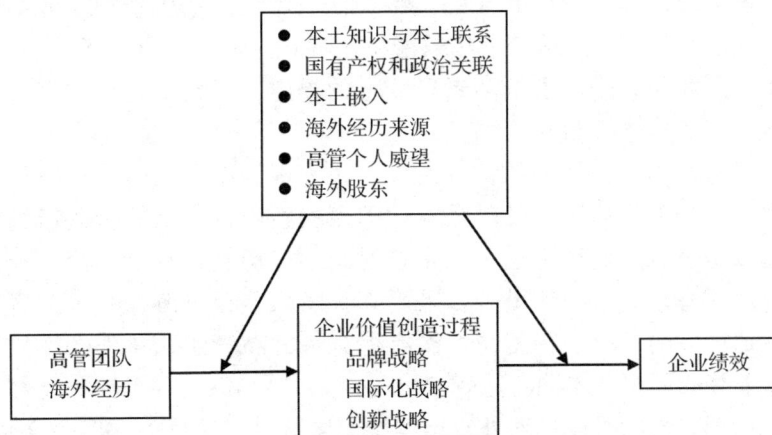

图2-3　高管团队海外经历影响企业绩效的整合模型框架图

综上所述，对新兴市场国家尤其是对中国企业高管团队海外经历作用的研究已经比较完善，主要从资源基础、知识基础、社会资本等理论出发，探讨了拥有海外经历的高管对企业价值的创造过程以及企业价值创造结果的影响。研究发现，拥有海外经历的高管对我国企业的绩效的影响并没有统一的结论，学者们尝试寻找影响两者关系的边界条件，包括拥有海外经历的高管本身的特征（如拥有海外经历的高管本身的本土知识与本土联系以及本土关系的嵌入程度、个体的威望等）、企业特征（如国有产权和政治关联、是否有外国产权等）以及海外经历来源国特征（如海外经历的来源国是不是发达经济体等）。

（三）高管团队海外经历影响企业绩效的述评

经济全球化使得拥有海外经历成为高管团队的重要特征之一，高管团队海外经历在企业中发挥怎样的作用、如何发挥作用成为学术界关注的焦点。通过对高管团队海外经历影响企业绩效的文献进行回顾，发现现有文献在概念界定、边界条件上还有进一步的延伸空间。

1. 概念界定与测量

高管团队海外经历由高管个体海外经历构成，但又不同于个体海外经历，两者之间究竟存在怎样的关系，现有的文献并没有解释清楚这个问题。由于高管团队海外经历由高管个体的海外经历构成，很多文献中以个体高管海外经历作为高阶理论作用发挥的基础，将高管个体海外经历影响企业绩效的机制与高管团队海外经历影响企业绩效的机制混在一起，没有给予清晰的界定。在进一步的研究中，应该给予两者以清晰的界定，考察高管个体海外经历整合到团队层面的具体机制。

高管海外经历存在较大的差异性，具体表现为：高管海外经历可以是求学经历也可以是工作经历，可以是发达国家的经历也可以是新兴市场国家的经历，可以是短时间的经历也可以是长时间的经历甚至是外国国籍。现有文献在高管团队海外经历的测量上，采用高管团队是否有海外经历或者海外经历高管占比单一的维度进行测量，没有综合考虑高管团队海外经历的不同维度影响企业绩效的机制不同。尽管 Godart et al.（2015）在考察海外经历对特定高管个体创造力的时候将海外经历的维度区分为了宽度、深度和文化距离，考察不同维度对个体创造力的影响，但这种划分只针对高管个体海外经历，没有聚焦高管团队的层面上。在进一步的研究中，应该从高管团队层面上对海外经历进行进一步的细化，考察不同维度海外经历对企业绩效的影响机制。

2. 边界条件

现有文献关注高管团队海外经历作用于企业绩效的边界条件主要集中在海外经历高管自身、企业特征以及海外经历来源三个方面，但是，根据高阶理论和知识基础观，高管的个体海外经历所带来的知识只有整合到组织层面，才能促进企业绩效（Grant，1996）。根据知识整合理论，知识的整合主要取决于知识的贡献者的意愿和组织的吸收能力，而现有文献忽略了高管海外经历所嵌入的高管团队的作用。在进一步的研究中可以尝试从高管团队的特征寻找新的边界条件。

三、高管团队海外经历与跨国并购绩效

随着中国经济的快速发展和中国企业全球化进程的加快，跨国并购已经成为新兴市场企业获取海外资源、开拓国际市场的重要途径，但中国企业并不具备 Dunning（1976）所说的"比较优势"，中国企业会通过外部资源的获取（杨忠、张骁，2009）进行国际化，高管团队海外经历能够帮助企业获取国际市场先进技术和管理经验、商业信息和网络关系，但目前专门研究高管团队海外经历与中国企业跨国并购绩效的文献还比较少。

现有的研究大部分停留在高管团队海外经历对跨国并购战略决策的影响上，只有极少数文献开始关注高管团队海外经历对企业跨国并购绩效的影响。高管团队的海外经历对于跨国并购绩效的影响主要体现在其知识提供的功能上，具有海外经历的高管能够利用他们的国际专业技能在并购目标的选择、交易方式的确定、并购谈判以及并购后的整合等方面提供独特视角的建议，从而提升并购者的价值。Giannetti et al.（2014）研究中国企业中"海归"董事的作用时就发现，虽然董事会中拥有海外经历董事的比例与跨国并购的长期市场反应之间不存在显著的正相关关系，但是，如果拥有海外经历的董事来自投资者保护指数较高的国家，并购企业买入并持有 24 个月的则回报显著较高，原因在于，跨国并购中的整合目标企业、人力资源和增强内部资源的分配都需要复杂的管理技术，来自管理实践先进国家的董事从其海外经历中能够获取先进的管理技术。吴映玉、陈松（2017）认为中国企业跨国并购的

目的是促进技术创新，用技术创新衡量跨国并购的绩效，选取深沪股市 81 家上市公司作为样本，研究发现跨国并购可以带来并购企业技术创新绩效的显著提高，而且拥有海外任职经历的高管团队能够促进企业在并购后更好地将海外先进技术进行转移和融合，从而提升新兴市场企业在海外并购后的技术创新能力。

　　进一步的研究还关注到高管团队海外经历对跨国并购绩效的影响也会受到其他因素的影响。Masulis et al. （2012）考察了企业聘用外国国籍的独立董事在企业海外并购中的作用，发现聘用具有东道国国籍的董事能够促进跨国并购绩效。从作用机理上来讲，高管的海外经历能够给企业带来独有的优势，使企业决策更加谨慎；拥有海外经历的高管的专业素质较高，他们良好的专业背景、广阔的国际化视野、优越的国际化人际关系和先进的国际化企业管理经验等，能够避免低效率甚至无效率的海外并购行为；拥有海外经历的高管的企业相对拥有更高的治理水平，他们的国际化视野和丰富的海外工作经验使得他们对并购价格的洞察能力更强，能够有效地避免大规模低效的投资、扩张，他们的存在使得企业能够更加了解海外市场，规避被并购企业虚报价格的风险，有可能帮助企业压低并购价格，降低并购成本。但是在中国情境下，高管团队海外经历是否必然促进中国企业跨国并购的绩效？哪些海外经历能够促进中国企业跨国并购绩效？以及高管团队海外经历促进中国企业跨国并购绩效的边界条件是什么？这些问题在学术界鲜有研究，故此，笔者以高阶理论和知识基础观为基础，构建高管团队海外经历影响中国企业跨国并购绩效的模型，并采集样本和选取典型案例进行验证。

第三章
理论模型与研究假设

一、理论基础：高阶理论与知识基础观

（一）高阶理论

高阶理论认为高管团队是影响企业战略选择和绩效的重要因素，高管的人口统计学特征（年龄、性别、职位、教育水平、海外经历等）能够代表其认知水平和价值观，而认知水平和价值观影响战略的选择和实施的有效性（Hambrick and Mason，1984）。其聚焦高管团队的特征对企业战略制定及实施效果的影响机制，高管团队的特征对企业的战略选择及绩效的影响可以用图 3 – 1 表示。

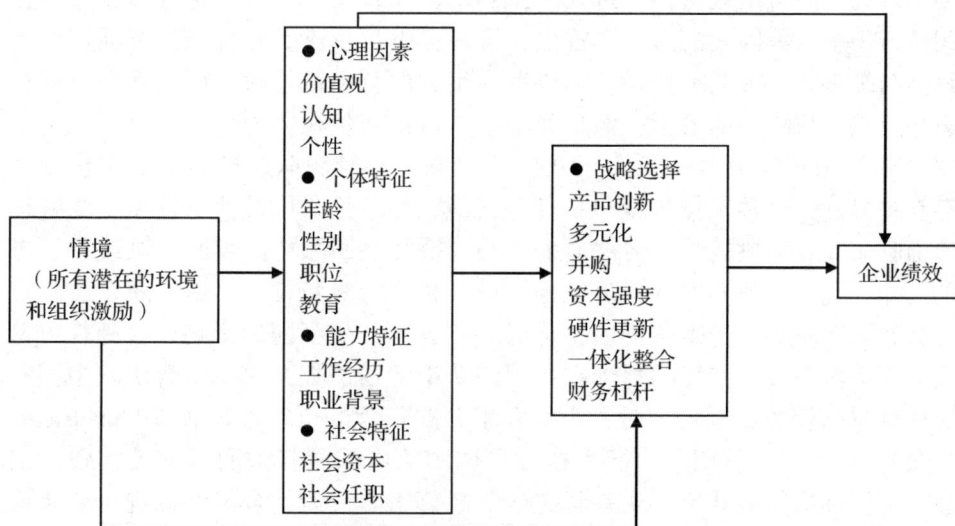

图 3 – 1 高阶理论的作用机制

高管团队海外经历对中国企业跨国并购绩效的影响研究

第一，高阶理论认为公司高层管理者的特征通过战略选择影响企业绩效，主要关注高管四个方面的特征：一是高管的心理特征，如价值观、认知、个性等；二是高管的个体特征，如年龄、性别、职位、教育等；三是高管的能力特征，如高管的工作经历和职业背景；四是高管的社会特征，如高管的社会任职、社会资本等。高管的海外经历特征能反映其价值观、教育背景、管理能力以及社会资本状况，高阶理论为高管团队的海外经历影响跨国并购绩效提供了理论支撑。

第二，高阶理论重点关注高管团队的整体作用，认为高管团队是战略决策的主体。管理者的个体特征在一定程度上解释了公司的战略选择和绩效，但由于个体特征各有差异，高管形成的认知和管理偏好也各有不同，因此提出集体人口统计特征比单个高管特征的解释力和预测力更强，认为公司的经营管理是集体作用的结果，无法依靠单个管理者完成，凝聚团队的智慧和力量有助于提高决策的准确性和管理效能。Hambrick（2007）在传统高阶理论的基础上，进一步阐述了高管团队整合作用，认为将高管的个体特征整合到团队层面，能极大地提高公司决策制定的质量和准确性。

第三，高管团队特征对企业战略及绩效的作用受到情境因素的影响，主要体现高管的自由裁量权、行政工作要求、高管团队内部权力分布以及高管团队行为整合等因素的影响。首先，管理自由裁量权是高管团队特征作用于战略与绩效的关键调节变量，如果存在很大的自由裁量权，那么管理特征将直接反映在战略和绩效中，但是如果缺乏自由裁量权，管理特征就不是很重要（Finkelstein and Hambrick，1990）。其次，高管团队成员面临的工作难度存在差异性，这种工作难度包括任务挑战、绩效挑战以及执行期望，当管理者面临着高难度挑战时，会被迫采取心理捷径并回顾他们曾经尝试或经历过的工作，此时，他们的选择反映他们的性格和背景特征。再次，高管团队权力分布不同时，高管团队特征将会对战略行为产生不同的影响，这种权力分布表现为具备某种特征的高管在高管团队中的话语权，比如高管团队中拥有金融背景高管的比例较大时，企业发生并购行为的可能性较大（Finkelstein，1992）。最后，高管团队的行为整合强调团队内部相互沟通与交流，强调信息、资源和决策的共享，现有研究认为高管团队行为整合能够促进企业绩效（Hambrick，1998；Li and Hambrick，2005；Lubatkin et al.，2006），因为只有集体进行信息处理和战略决策，高管团队的集体特征在企业战略制定和绩效促进上才有意义。在整合团队行为的基础上，Jackson（1992）认为，识别主要负责某些类型决策（或特定行动领域）的子群，然后使用其特征来预测行动对于战略决策非常重要。比如，我们在预测企业国际化战略的倾向时，在整体的方向上需要高管团队的协同意见，更需要拥有国际化战略实施经验或者国际化知识的专家高管的意见。

（二）知识基础观

伴随着知识经济时代的到来和市场竞争的加剧，知识作为现代经济的基础，已成为企业创造持续竞争优势的重要资源[①]，组织如何管理知识的积累决定了组织的成败。有研究发现，组织作为一个社会实体，如何储存和运用内部知识、竞争力和才能，关系到组织的生存、发展和成功（Hakanson，2010），那些能更好地从内外部搜寻、吸收和利用新知识的企业，其绩效相对更高（Martín-De-Castro et al.，2011）。知识基础观涵盖了知识的界定、来源以及知识的整合等内容。

1. 知识的界定

知识基础观在"知识"概念的界定上并没有形成统一认识（Balconi et al.，2007），Nonaka（1994）认为，知识是个人的"信念"以及"可确证性"，并强调了知识是验证个人信念的人际动态过程，也部分地表达了个人对真理的渴望。"知识"和"信息"这两个词语经常交替使用，但是它们之间还是有明显区别的。信息是由数据演变而来，知识又是由信息演变而来，知识则更接近于智慧。对知识界定的依据不同，可以对知识进行不同的分类，Gorman（2002）将知识分为声明型、程序型、判断型和智慧型。Balconi et al.（2007）将知识分为：知道做什么、知道为什么、知道怎么做和知道是谁；Polanyi（1966）将知识明确区分为显性知识和隐性知识等。但上述对知识分类的依据是知识自身的属性，忽视了知识的环境依赖性，环境的变化导致团队战略目的的改变，其对知识的需求也发生变化。因此，在企业特定的战略背景下，组织需要根据现有战略需求对现有离散的知识进行识别，对知识资源进行重新配置，以实现特定的战略目标。

[①]　Wang S, Noe R A. Knowledge sharing: A review and directions for future research[J]. Human Resource Management Review, 2010, 20(2): 115–131.

识别不同知识的特征和价值是团队知识整合的重要前提，根据 Ritala（2013）对知识的分类，本书依据知识与企业当前战略是否有关联，将知识区分为关联知识和无关联知识。关联知识指与组织战略目标有关的知识，强调其在当前战略中解决问题的作用；无关联知识则强调其与当前战略的无相关性。本文认为在特定的战略背景下，关联知识更容易从嵌入的个体载体中转移出来，降低信息与知识的黏滞性，从而更好地被吸收利用。

2. 知识的来源：集体还是个人

知识究竟来源于集体还是个人？这是目前学术界尚有争论的问题（Felin and Hesterly，2007），大部分学者聚焦知识的集体来源（Adler，2001；Brown and Duguid，2001；Kogut，2000；Nahapiet and Ghoshal，1998；Nelson and Winter，1982；Tsoukas，1996），该种观点认为知识是一种社会现象而并非个体聚集（Nahapiet and Ghoshal，1998）。Nelson and Winter（1982）认为拥有技术知识是企业整体的一个属性，不能简化成任何一个人或者个体的技能和能力的聚集，企业之所以存在是因为其提供了一个由组织原则构成的自愿行为的社会团体（Kogut and Zander，1992），只有集体层面的变量被允许用来解释产出或者新价值的创造。但以 Simon（1991）、Grant（1996）为代表的学者则强调了个体的知识来源，这种理论认为个体是知识的主要来源，是理解新价值创造和组织产出的基础，所有的组织学习都是在人的大脑中进行的，组织学习只能通过其员工之间或者吸收新员工两条途径进行，在知识个体来源的假说下，如何协调和整合不同个体所拥有的知识是一大难题。

结合知识的个体来源和知识是智力资本的解释，我们可以认为高管的人力资本、社会资本都属于组织知识的重要来源。

3. 团队知识的整合

个体知识只有被整合、放大到集体层面才是有价值的组织资产，因此，企业的核心竞争力来源于知识整合而非知识本身（Boer，1999）。对于高管团队而言，其对来源于不同个体高管的知识能否进行有效整合是影响企业战略选择和绩效的关键要素之一。

知识基础观认为个体知识离散地分布于团队中，并不以集中或整合的形式服务于当前战略决策（Becker，2001）。知识整合的意义在于将团队中离散的个体知识进行合并、重组，进而创造新知识以服务于战略需求，提升团队的战略效率,包括知识吸收与利用(Rodzi,2015),组织的决策过程本身就是一个密集的知识转移与吸收的过程。[①] 成功的知识整合需要满足四个条件:机会、感知的价值、动机(Moran and Ghoshal,1996)以及组合能力(Nahapiet and Ghoshal,1998)。因此,可以将个体知识整合到团队知识的过程区分为知识贡献阶段和知识组合阶段两个阶段。

知识贡献是指组织成员在完成团队任务的相互交往中,将自己所拥有的独特知识编码后以交换、传授、奉献的形式在团队内部传递的过程。Okhuysen and Eisenhardt(2002)指出,个体的知识集成到组织层面的过程主要是在群体层面完成,因此,组织必须干预这一进程以促进个体知识向组织层面转移。激励制度是组织干预激发个体知识贡献的有效路径(Bock et al.,2005)。团队成员把知识贡献之后,能否将这些知识应用于战略目标的实现,关键在于团队对知识的吸收能力。

综上所述,可以将个体知识整合到组织层面的过程归结为图3-2:

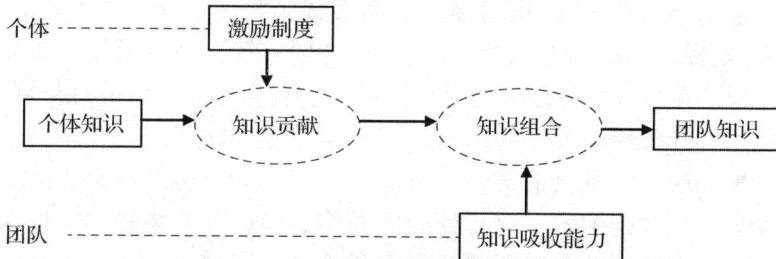

图3-2 个体知识整合到团队知识的整合框架图

二、高管团队海外经历与中国企业跨国并购

(一)中国企业实施跨国并购的"知识基础"

中国企业在跨国并购中并不具备传统的"比较优势",通过上文的文献回顾,我们发现,影响中国企业跨国并购绩效的因素主要集中在外部环境和企业自身能力两个方面。外部环境主要强调不同国家的制度环境、文化环境和经济环境差异导致企业在跨国并购过程中信息不完备,而企业自身的能力则

[①] Holsapple C W,Joshi K D. Organizational knowledge resources[J]. Decision Support Systems,2001,31(1):39-54.

强调企业能否选择合适的交易方式、能否达到一定的融资规模、是否有并购经验以及并购后企业能否对被并购企业进行有效的整合等。但现有文献仅仅停留在寻找影响中国企业跨国并购绩效的因素，并没有进一步探索解决这些问题的方法和途径，本文基于知识基础观，认为中国企业在并购过程中所具备的"知识基础"能够克服信息的不完备和企业自身能力的缺陷。

知识由信息演变而言，Balconi et al.（2007）将知识界定为：知道做什么、知道为什么、知道怎么做和知道是谁这四个方面。结合中国企业跨国并购的具体情境，我们将知识界定为：知道企业是否需要进行跨国并购，明白企业进行跨国并购的原因是什么，如何有效实施跨国并购的战略以及了解目标企业和东道国的相关信息，即中国企业有效实施跨国并购所需的"知识基础"包括在跨国并购中所需要的一切资源（包括经验、高质量管理水平、社会资本等）和相关信息。

故此，将中国企业跨国并购的"知识基础"的来源归纳为三个层面：一是并购企业的外部知识，如国家制度、行业规则等带给企业的"知识"；二是并购企业自身的知识基础，如企业的跨国并购经验、政治关联、海外网络嵌入等；三是企业的高层管理者的个体知识，表现为高管个体的海外网络嵌入、先进的技术和管理经验及充分的海外市场信息等。国家制度表现为政府对企业跨国并购的政策、融资的支持，行业规则表现为合理的交易方式，从而促进中国企业跨国并购绩效；企业的跨国并购经验、政治关联和海外网络嵌入能够带来企业在跨国并购中所需要的完备信息和资源；嵌入高管个体的知识分散于个体之中，是并购企业高管团队整合知识的组成部分，因此，有效地利用高管的知识是促进企业跨国并购绩效的重要途径。

（二）高管团队海外经历的界定与作用

1. 高管团队海外经历的界定

海外市场信息的缺失、先进技术和管理经验的缺乏是阻碍中国企业实施跨国并购的重要原因。而高管团队海外经历作为企业高管团队背景特征之一，能够提供企业在跨国并购中所需的信息和先进的技术、管理经验等知识。

首先，与其他人口统计学的特征不同之处在于跨国经验不是所有高管都具备的，他们通过海外的求学或者工作经历获取跨国经验。高管团队的海外背景根据来源不同可以分为两类，一种是高管海外背景的来源是海外国籍，即高管是外国人；二是本国国籍的高管有过海外经历，包括海外的工作经历和学习经历。跨文化心理学文献认为不同的国籍来源能够影响个体人格（Tri-andis and Suh，2002）、基本方向和价值观念（Hofstede，1980），高管的外国国籍是企业国际化经营的知识来源，外国人在获取和设法获取其出生国相关的信息上有着天然的优势（Luo，2005），因此，在企业国际化经营过程中外国高管对于其出生国的文化、行为和规则方面的知识掌握对于企业在该国的国际化战略中有着重要的影响。除高管的国籍来源外，高管的海外工作、学习经历也是海外背景的重要来源，大量文献关注了高管的海外经历对跨国公司经营的影响（Athanassiou and Nigh，1999；Carpenter et al.，2001）。

Carpenter and Reilly（2006）指出高阶理论研究中构建效度的缺失，Nilsen（2010）认为只用单一的外国国籍来衡量高管的国际化是不够的，其只能反映高管受到某一种文化的影响，而高管的海外经历作为高管国际化的一个重要维度，能反映高管受到不同文化的影响，高管的国籍和海外经历为高管更好地理解和成功处理企业国际化扩张过程中的挑战提供了重要的能力来源。由于需要考察跨文化知识的作用，因此以 Nilsen（2010）的研究为基础界定高管团队的海外背景，既包括高管的外国国籍又包括高管的海外学习、工作经历。

另外，社会科学强调理论构建中的多元指标，多样化研究领域的学者普遍认为团队的多元化不是相互独立地影响团队动力和绩效（Jackson and Joshi，2004），高管应该是一系列属性的组合（Carpente et al.，2004；Kor，2003），不能单独地考虑其背景的影响，因此，将高管团队海外经历界定为企业层面的一个特征，强调企业高管团队层面的海外经历是必要的。尽管高管团队海外经历是由团队中个体海外经历构成，但知识基础观认为只有集体层面的变量被允许用来解释产出或者新价值的创造，而我们则需要考察其海外经历对企业跨国并购战略绩效的影响。因此，有必要将高管个体的海外经历整合到团队层面上。

现有文献采用高管团队中是否存在海外经历高管这一哑变量或者用高管团队中海外经历高管占比来表示高管团队的海外经历，忽视了高管团队海外经历所带来的知识内在特征差异性。随着中国企业对外直接投资和吸引外资进入国内数量的急剧增加，本土企业外派管理人员和在本土经营的海外跨国公司工作的管理人员的数量也呈现上升趋势，这部分管理人员不仅受到海外文化的影响，而且能够习得先进的技术和管理经验，也是中国企业高管团队海外经历的重要来源之一。

在考察高管团队海外经历的构成时，第一，在高管团队中，有多少海外经历的高管，即有海外经历的高管在高管团队中占多大的比重，强调高管团队中海外经历高管的数量，我们将其界定为高管团队海外经历的宽度；第二，我们不仅考察高管团队中海外经历高管的数量，还关注高管团队中海外经历所包含的信息和知识，即高管团队海外经历的质量，高管海外经历的时间越长，其越能接触到更深层次的海外市场的信息，对海外文化和制度的理解更深入，则拥有更深的海外网络嵌入，我们将其界定为高管团队海外经历的深度；第三，Hambrick et al. (1996) 认为，研究高管团队多样性影响的一个尤为适合的情境是企业进入新的地理市场的战略行为，因为与更加渐进或者保守的决策相比，新的地理市场进入战略更具有开创性，需要整个高层管理团队的共同参与。顺着这一思路，Barkema and Shvyrkov (2007) 将通过跨国直接投资实现新的地理市场进入视为一种战略创新，并且研究了高层管理者团队多样性的影响。大量的文献认为多样性的高管团队能提供更有效的监管和控制，不同的产业背景、年龄、文化、地理位置和性别带来不同的观点，进而带来不同的看法和较高的自主性 (Alvarez et al., 2009)。但是结论并不统一，甚至在同一篇文献中出现了不同特征的多样性对企业的影响呈现出相反的结果 (penter, Geletkanycz and Sanders, 2004; Finkelstein, Hambrick and Cannella, 2009; Nielsen, 2009)，因此，B. B. Nielsen and S. Nielsen (2012) 认为将高管团队多样性笼统地看作一维概念难以体现团队多样性的复杂本质和影响，需要将高管团队的多样性分解为不同特征的多样性进行相关分析更科学。在跨国并购的情境下，高管团队海外经历能够降低外部环境的不确定性，积累更多的海外知识、网络和更高的海外管理水平，直接影响跨国并购的绩效。因此，单独探讨高管团队海外经历的多样性对跨国并购的影响比探讨笼统高管团队的多样性对跨国并购绩效的影响更有意义。故此，我们将高管团队海外经历的多样性界定为企业高管团队中拥有海外经历的高管所涉及国家的多样性。

综上所述，借鉴 Godart et al. (2015) 对企业领导者海外经历的分类以及高管团队海外经历对跨国并购绩效影响的机制，多视角构建高管团队海外经历的维度，将高管团队看作一个整体，考察团队海外经历的宽度、深度以及所涉国家的多样性对跨国并购绩效的影响。

2. 高管团队海外经历对跨国并购绩效的影响

现有研究强调在并购过程中从东道国市场获取信息和知识（包括当地政府、合作伙伴、供应商、消费者等信息），但是却忽略了另一个获取信息和知识的途径，即并购企业内部的知识和信息，这些信息和知识嵌入在人身上或者通过人嵌入在一定的社会关系中，因此，发现和充分调动这些知识和信息对于企业跨国并购的成功有着重要的意义。Hitt et al.（2000）认为，企业需要谨慎地进入国际市场，不但需要做好充分的计划和准备工作，而且在进入国际市场之前，管理者应构建国际市场的相关知识，这样才能增加成功的概率。中国企业的跨国并购具有高度的复杂性和挑战性，作为企业的核心决策层，高管团队在跨国并购的战略制定、执行和并购后的整合的整个过程中都起到重要作用。高管的海外经历（包括国外学习或工作）一方面作为人力资本的一种具体表现形式，通常被认为是具有良好的教育背景或专业知识技能的标志；另一方面作为社会资本的表现，被认为拥有海外的社会网络关系；高管海外经历通过向并购方提供人力资本和社会资本影响跨国并购的战略决策和并购绩效。

依据知识基础观，人力资源及互动是企业重要的知识来源（Levitt and March，1988；Miner and Haunschild，1995；Zander and Kogut，1995），具有海外经历的高管承担起将国际企业管理规范和逻辑转移至国内企业的作用，促进企业战略管理的完善。高管的海外经历分为两种情况：一是在海外求学或者工作的"海归"，其海外高等学校求学经历和海外企业的工作经历，特别是在发达经济体学习和工作的经历能够给新兴市场国家的企业带来有价值的经验和知识（Ling and Jaw，2006；Song et al.，2001），加上其对国内的文化、制度的熟悉，能够更好地将海外的知识和经验转移至国内企业中；另一种是拥有外国国籍的高管，特别是来自有着先进管理经验国家的高管，其不受时间和区域的限制，能够更好地理解外国市场的逻辑和动机（Bartlett and Ghoshal，1989；Luo，2005）。在企业跨国并购的情境下，来自特定国家或者地区的外国高管能够帮助企业了解并购标的所在国的市场状况和制度，在并购战略制定、并购实施过程以及在并购后的整合中帮助管理层做出更完善的决策。世界大企业联合会的一项研究就表明，成功的跨国公司拥有多国籍的管理者（Berman，1997）。

拥有海外经历的高管加入意味着企业拥有了新的知识和信息的来源（Inkpen and Pien，2006；Saxenian，2002；Song et al.，2003）、权力和威望的来源（McPherson et al.，2001）以及跨国的社会联系和认知（Tabata，2006；Tushman and Scanlan，1981）。在高阶理论（Hambrick and Mason，1984）的基础上，学者们关注到企业高层管理者的海外经历对企业的影响（Bloom and Reenen，2007；Giannetti et al.，2014）。对于新兴市场国家而言，缺少有才华的管理者、企业监管薄弱是制约企业跨国并购成功的重要因素，Giannetti et al.（2014）特别强调了拥有海外经验董事的作用，认为人才的回流能够促进企业跨国并购进而影响企业的经营绩效。据上述，高管海外经历对跨国并购战略决策以及跨国并购绩效的影响主要通过两条途径实现。

（1）高管团队海外经历带来跨国并购战略决策的有效性

企业跨国并购的短期绩效表现为在跨国并购后股票市场的反应，体现为并购事件对股票二级市场价格的影响，而股票价格的变化取决于市场的预期，如果某一起跨国并购事件被二级市场解读为对企业未来发展的实质性利好，则这一事件一般会促使企业估值上涨，从而企业在二级市场上的股价随之上涨，股东财富会出现明显提升。反之，则会带来企业股东财富的损失，而市场对企业的利好预期取决于对企业战略决策的认同，影响并购企业短期市场反应的机理可以用图3-3表示。

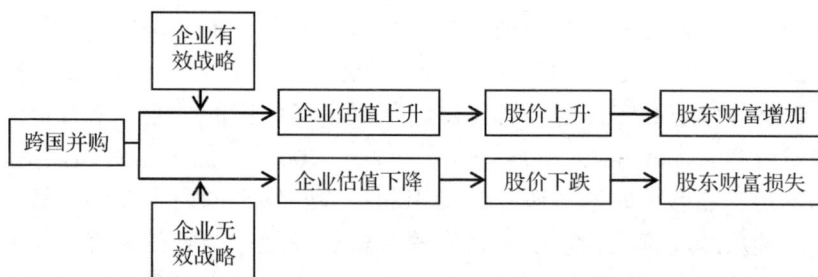

图 3 - 3　跨国并购的短期市场反应形成机理

企业的战略是由其高管团队制定的，尤其是涉及战略性收购层面，企业并购的目的往往在于获得战略协同效应，制定恰当的并购战略，是企业海外并购成功的第一步。企业的跨国并购是一项极具挑战性的战略决策活动，由于文化、制度差异等因素的存在，决策过程中包含大量的不确定性信息（Coff，2003；Jemison and Sitkin，1986），高管团队的职责包括并购目标的选择、委任尽职调查团队和并购后整合经营、确定并购的合理价格、决定在并购中投入的精力和金钱，包括是否需要组建专门的并购团队，从而对高层管理团队的信息处理能力提出了更高的要求。学者们研究认为专业知识能够提升团队决策的质量（Littlepage et al.，1995，1997；Bunderson，2003）。第一，高层管理者更多的知识和信息能够通过预测和应对竞争来应对不确定性（Pfeffer and Salancik，1978），在跨国并购情境下，高管团队专业的知识、充分的信息能够识别和选择合适的并购对象、并购类型以及交易方式，从而促进跨国并购绩效。高管团队成员能够利用他们的国际专业技能在并购目标的选择、交易结构和谈判以及并购后的整合等方面提供独特视角的建议从而提升并购者的价值。第二，拥有海外经历的高管熟悉海外市场环境和海外企业的经营状况、运行规则，国外的工作和学习经历可以帮助他们建立同发达国家商业网络的联系，拥有海外经历的高管嵌入海外网络能够带来潜在的资源、信息和创意，帮助企业识别市场机会，选择合适的海外并购目标，增加并购中信息的透明性，能够避免低效率甚至无效率的海外并购行为。拥有海外经历的高管所在的企业相对拥有更高的治理水平，他们的国际化视野和丰富的海外工作经验使得他们对并购价格的洞察能力更强，能够有效地避免大规模的低效投资与扩张。他们的存在使得企业能够更加了解海外市场，规避被并购企业虚报价格的风险，有可能帮助企业压低并购价格，降低并购成本。第三，现实中受海外并购热潮的影响，许多企业往往本末倒置、忽视战略规划，跟风并购和盲目并购等现象时有发生。20世纪80年代日本三菱地产并购纽约洛克菲勒中心即其中典型，由于在具体战略规划上缺乏审慎态度，最终为三菱带来了超过10亿美元的净损失，波士顿咨询公司（简称"BCG"）2015年对中国企业的调查问卷显示，缺少清晰的并购战略，是许多中国企业在海外并购的全球化进程中受阻的重要原因。毕马威2012年对企业的调研访谈中发现超过一半的企业认为，并购战略不清晰是造成海外并购失败的重要原因（韦祎、杨燕、欧阳辉，2017），拥有海外经历的高管往往拥有较高的学历和跨国公司工作的经验，掌握着先进的生产或者管理技术，在跨国并购决策中往往更为理性，可以有效地抑制管理团队在跨国并购中的过度自信，防止盲目地过度支付，提高并购战略的效果。

（2）高管团队的海外经历提升企业跨国并购后的整合能力

组织行为学派和过程学派认为并购的长期整合绩效是孕育在并购过程之中的（Haspeslagh and Jemison，1991；Jemison and Sitkin，1986），学术界和实践界一直认为并购后有效的整合是并购获得成功的关键要素（Bauer and Matzle，2014；Larsson and Finkelstein，1999）。著名学者萨德·萨纳姆在《兼并与收购》一书中提到，并购整合是两家拥有不一样的特点、文化和价值理念的公司，随着企业并购和兼并的顺利进行，最终包容在一起。[①] 企业并购后的整合是并购双方战略资源的内部转移与扩散，对于并购企业而言，整合的目的是将目标企业的竞争优势导入并购企业，实现企业战略资源的合理配置，实现双方的优势互补，最终产生新的竞争优势。因此，中国企业跨国并购长期整合绩效取决于跨国并购整合的有效性。影响企业跨国并购长期整合绩效的机理可以用图 3 - 4 表示。

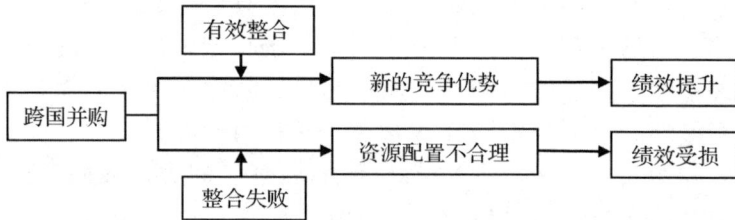

图 3 - 4　跨国并购的长期整合绩效形成机理

并购完成后，能否产生协同效应，获得竞争优势，关键在于并购整合过程。对于大部分并购来说，无论是国内并购还是跨国并购，并购后的整合过程都是并购是否成功的关键（Child et al. ，2001）。有效的信息互通是跨国并购整合成功的重要因素，文化差异的存在会使组织中的个体和团体更倾向于跟自己具有相似文化背景的人沟通交流[②]，高管的海外经历拉近了与并购目标企业员工的距离，并进行有效的沟通和交流。另外，高管团队的海外经历使高管有更多的机会了解国外企业的经营文化和理念，增强对于国际化经营理

---

① 萨德·萨纳姆. 兼并与收购 ［M］. 北京：中信出版社，1998.

② Zenger T R，Lawrence B S. Organizational Demography：The Differential Effects of Age and Tenure Distributions on Technical Communication［J］. Academy of Management Journal，1989，32（2）：353 - 376.

念的认同，这些都将易于建立同国际社会之间的信任。已有研究表明，信任会有效降低协作过程中的交易成本（Chiles and McMackin，1996）。最后，寻求技术是我国跨国并购的重要动因之一。对于此类并购，并购后的整合主要体现在对技术的消化吸收效果上，企业自身的技术水平是决定能否进行并购技术消化吸收的重要因素。Vanhonacker et al.（2006）的研究指出，80%的"海归"在学习中获得了在中国没有的新技术，从而形成了在国内市场的技术优势，因此，可以认为高管的海外经历能够促进技术寻求型企业跨国并购的技术的吸收与转化，从而增加跨国并购的绩效，如联想集团收购 IBM 个人电脑业务后引进了海外高管进行技术的吸收与转化。

相对于国内的并购，跨国并购面临着更大的挑战，涉及不同的经济状况、不同的制度和不同的文化结构（Hofstede，1980；House et al.，2002）。影响其并购绩效的因素除东道国与母国之间市场环境的差别外，并购企业自身的竞争力也是非常重要的影响因素（Wu and Xie，2010）。高管团队的竞争力是企业竞争力的重要构成部分，高管是否拥有成功实施一场跨国并购的能力是外部投资们关注的问题（Woolridge and Snow，1990；Shimizu et al.，2004）。如果企业高层管理者拥有海外经历，特别是来自发达国家的海外经历，外部投资者会认为企业拥有先进的管理水平、海外融资能力和海外网络，能够应对跨国并购中的困难，从而对并购的信心增加。

对于新兴市场企业的跨国并购而言，面临的环境复杂，特别是并购后的整合难度、整合时间都超过了预期。因此，对于实施跨国并购的企业而言，高管的海外经历能够帮助企业形成正确的跨国并购战略，提高并购后的整合水平，形成协同效应，并且增强企业跨国并购的合法性，增强投资者和市场对企业并购能力的信心，创造更多的价值（Servaes，1991）。

总之，高管团队成员海外经历之所以能够促进跨国并购绩效，在于其能够将海外习得的技术、嵌入的网络资源以及先进的管理经验运用到企业的跨国并购中。因此，其技术水平的高低、企业治理知识的多少以及海外网络嵌入的程度都对跨国并购绩效产生直接影响。

三、模型构建

根据上文的论述，在中国企业实施跨国并购的特定战略背景下，高管团队的海外经历表现为关联性知识（Linking Knowledge），根据高阶理论和知识基础观，这种关联性知识能够给中国企业的跨国并购提供所需的信息和资源。又由于这种关联性知识嵌入有海外经历的高管个体中，因此，将个体关联性知识整合到团队层面成为海外经历能否发挥作用的重要因素。基于以上论述，构建高管团队海外经历影响我国企业跨国并购绩效的理论模型可用图3-5表示。

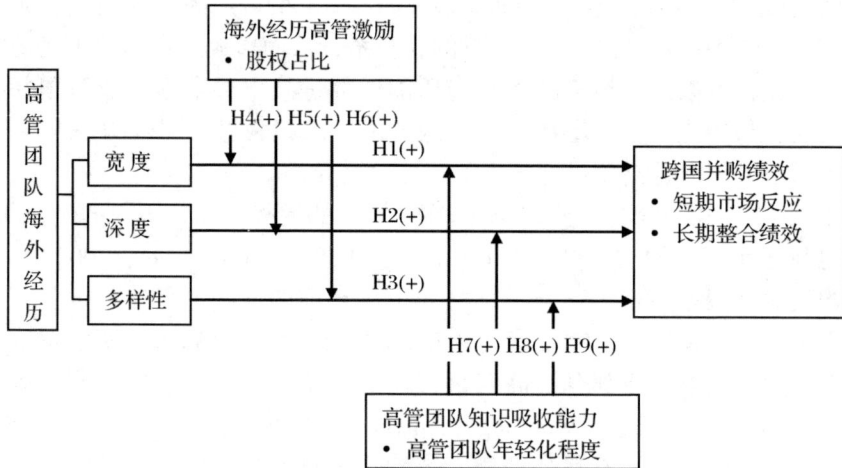

图3-5　理论模型图

一方面，高管团队的海外经历通过知识提供的方式促进中国企业跨国并购的绩效，我们将高管团队海外经历提供的关联知识的差异性细化为高管团队海外经历宽度、深度和多样性三个维度，根据跨国并购绩效的评价阶段不同，将其区分为短期市场反应和长期整合绩效，那么，高管团队不同的海外经历维度在影响不同阶段的绩效上是否会存在差异性？据上推测，本书认为高管团队的海外经历影响跨国并购不同阶段的绩效，且不同的维度对绩效的影响结果均存在差异性。

另一方面，拥有海外经历是高管的个体特征，知识基础观认为在特定的战略背景下，个体知识只有整合到组织层面才能服务于企业战略，进而影响战略绩效，因此，高管团队对海外经历高管知识的整合，影响着高管团队海外经历作用的发挥，知识整合的程度越高，高管团队海外经历对跨国并购绩效的促进作用越大。因此，个体知识能否整合到组织层面是高管团队海外经历促进企业跨国并购绩效的边界条件，对拥有海外经历高管的激励机制和高管团队的知识吸收能力影响主效应作用的发挥。

四、研究假设

(一) 高管团队海外经历与跨国并购绩效

高管团队成员海外经历之所以能够促进跨国并购绩效，在于其能够将海外习得的技术、嵌入的网络资源以及先进的管理经验运用到企业的跨国并购中。因此，其技术水平的高低、企业治理知识的多少以及海外网络嵌入的程度都对跨国并购绩效产生直接影响。借鉴 Godart et al.（2015）对企业领导者海外经历的分类以及前文对高管团队海外经历影响跨国并购绩效机制的文献，本书认为高管团队海外经历的宽度、深度和多样性能够促进中国企业跨国并购不同阶段的绩效。

1. 高管团队海外经历的宽度对跨国并购绩效的影响

根据知识基础观（Pfeffer and Salancik，1978），拥有海外经历的高管的加入意味着企业拥有了新的知识和信息来源（Inkpen and Pien，2006；Saxenian，2002；Song et al.，2003）、权力和威望的来源（McPherson et al.，2001）以及跨国的社会联系和认知（Tabata，2006；Tushman and Scanlan，1981）。首先，高管团队中海外经历的高管占比越大，意味高管团队在跨国并购中拥有更多的跨国并购所需知识的来源，高管团队成员能够利用他们的国际专业技能在并购目标的选择、交易结构确定、商务谈判以及并购后的整合等方面提供独特视角的建议，从而提升并购者的价值。其次，海外经历还能影响高管的认知，拥有海外经历的高管将海外文化整合到自己的文化中，应对国际化过程中的不确定性的能力较强（Sambharya，1996），高管团队中拥有海外经历的高管占比越大，意味着高管团队在跨国并购中应对困难的能力越强，从而促进跨国并购绩效。针对中国企业跨国并购的短期市场反应，如果高管团队中拥有海外经历的高管的占比越大，外部市场认为其能够提供更多跨国并购所需的信息和知识，对跨国并购的信心增强，从而表现为跨国并购积极的短期市场反应；对于长期的整合绩效而言，高管团队中拥有海外经历的高管的占比越大，其在并购战略的制定和执行以及并购后的整合中，一方面能够提供更丰富的知识，另一方面能够拥有更多的话语权，使其知识应用到跨国并购的整合过程成为可能。因此，我们提出以下假设。

假设1：中国企业高管团队海外经历的宽度越大，其跨国并购绩效越好。

2. 高管团队海外经历深度对跨国并购绩效的影响

我们定义高管团队海外学习或者工作的时间长度为高管海外经历深度，高管在海外学习或者工作的时间越长，其就会接触到更深层次的知识、信息和观点。从文化的适应来看，有研究已经发现个体在海外的时间越长对东道国适应程度越好，其在创造力的标准测验中表现越好（Maddux and Galinsky，2009）。高管海外经历的时间越长，意味着有更多的机会和动力去适合海外文化并将其内部化，时间较短的海外经历则很难真正做到心理上的转变，比如文化的适应、学习以及认知的改变（Maddux and Galinsky，2009），因为非正式的发现影响战略（Baer，2012；Dutton and Ashford，1993）的可能是得益于不同文化间的协作（Black et al.，1991）；海外经历的深度还提供了整合各种利益相关者的机会，促进相互间的知识转移和观点的交流，在组织中建立联盟（Bunderson and Sutcliffe，2002）。

另外，高管团队成员海外经历的时间越长，其在海外网络中的嵌入性越深，大部分隐性知识都是通过强关系（Uzzi，1996）和密网络（Reagans and McEvily，2003）进行转移，而强关系和密网络需要通过努力建立。这种强关系和密网络不仅能够向个体提供一些在特定的文化中如何做事的具体知识，还会提供获取资源、贸易和支持的途径，帮助个体开拓商品和服务的海外市场（Cattani and Ferriani，2008）。中国企业跨国并购面临的情境复杂、难度大，简单的、表面的海外知识不能够满足并购企业的需求，长时间的海外经历能够提供深层次的知识、信息和观点，能够帮助企业更好地适应海外文化，促进隐性知识的转移，进而提升跨国并购的绩效。

当然，也并非海外学习和工作的时间越长越好，事实上，已经有学者证明了随着海外经历时间的增长，被国外文化同化的同时也丧失了其对本土文化的认同（Tadmor et al.，2012）。另外，海外经历的时间越长，越可能"过度嵌入"海外网络中（Uzzi，1996），聚焦从海外网络获取信息而忽视本土网络的建立和利用。再者，海外经历的时间越长，便会开始认知固封，思维的活跃度下降，认知的固步自封将导致功能高度固化（Dane，2010），不愿意接受新的思维模式和改变。

基于以上分析，我们提出：

假设2：中国企业高管团队海外经历的深度越大，其跨国并购绩效越好。

3. 高管团队海外经历来源国多样性对跨国并购绩效的影响

高管团队多样性的研究认为多样性有助于激发团队讨论并产生更广阔的战略思路（Simons, Pelled and Smith, 1999），但在提高战略决策有效性（Wiersema and Bantel, 1992）的同时可能会带来情感的冲突，阻碍有效战略的形成和实施。但西方学者普遍认为高管团队不同特征的多样性影响了这种收益和冲突之间的平衡，而我们认为在中国企业跨国并购的具体情境下，企业面临着比一般战略决策更为复杂的环境时，高管团队更容易关注新的事物和在讨论中促进协调合作。

Carter（2010）认为高管团队成员能够提供资源，而且随着成员多样化的增加，其提供的信息和资源也会增加；Terjesen（2015）也认为从资源基础观的视角看，多样化的高管团队能够带来更多的资源。高管团队的海外经历多样性越大，意味着企业能接触更多不同的海外文化、信息、知识以及网络嵌入；高管团队海外经历涉及的国家越多，其就越能够观察到更多的国家和企业的制度、文化以及市场信息；高管团队海外经历涉及的国家越多，其建立的海外关联数就越多（Oettl and Agrawal, 2008）。通过这些桥梁进行的多元化信息交换能够促进创新（Burt, 2004），缓解承担风险的压力（Baer, 2010），提供多种政治技能和影响战略（Tesluk and Jacobs, 1998），帮助企业克服跨国并购中的困难。由此可见，高管团队海外经历的多样性越大，意味着在跨国并购的过程中，企业能够通过观察更多不同国家的做法，接触更丰富的信息、观念和创意，帮助高管团队使用不同的方法解决同一个问题，或者找到更新、更特别的方法解决特定的问题，从而促进战略决策的有效性和并购后整合的协同性。因此，在跨国并购情境下，高管团队海外经历的多样性更多地是提升了决策的有效性和战略实施的效果。

由此可推出**假设3：中国企业高管团队海外经历来源国的多样性越大，其跨国并购绩效越好。**

（二）知识整合的调节效应

高管团队海外经历对企业跨国并购绩效的促进作用存在边界条件，根据前文的论述，在企业实施跨国并购战略的实施背景下，嵌入高管个体的海外经历所带来的关联性知识需要整合到组织层面，才能更好地服务于跨国并购战略，进而影响跨国并购绩效。高管团队对个体知识的整合由海外经历高管的知识贡献和高管团队对知识的吸收组合两部分组成。激励制度促进高管个体知识的贡献，团队的组合效果是团队吸收能力的函数。因此，在中国企业跨国并购中，对海外经历高管的股权激励和并购企业高管团队的吸收能力影响高管团队海外经历作用的发挥。

1. 海外经历高管激励的调节效应

知识基础观对隐性知识（tacit knowledge）和显性知识（explicit knowledge）进行了区分，显性知识能够以一定形式在公众中传播，而隐性知识嵌入个体经验之中，是高度个人化的知识，具有难以规范化的特点，因此不易传递给他人。因为它深深地植根于行为本身和个体所处的环境中，包括个体的思维模式、信仰观点和心智模式等，隐性知识是企业的宝贵资源。但它不容易被获取，即使在能够准确定位隐性知识来源的前提下，复制隐性知识的代价也是高昂的，隐性知识不能简单地记录，因此只能通过对专业人士的观察和亲身实践进行学习（Kogut and Zander, 1992；Grant, 1996b）。高阶理论关注高管的特征，而类似于高管的经历、职业背景所带来的知识就属于隐性知识，组织在利用高管此类特征背后的隐性知识存在一定的难度。

个体知识共享往往很难通过组织下达的强制命令方式来实现，而应依赖适宜的激励机制（Bock et al. , 2005）。激励是组织促使知识发生转移、提高知识转移效率的重要手段，在没有得到奖励或补偿的情况下，组织的成员不愿意将知识转移给他人或转移出自己所处的组织单元（Menon and Pfeffer, 2003）。给予海外经历高管股权激励能够使其将跨国并购绩效与其收益或预期收益结合，增强其在跨国并购战略决策和跨国并购后的整合中共享知识的意愿。

另外，给予海外经历高管激励意味着其在高管团队中的权力增加，考虑高管团队中的权力分布是高管团队研究的基本组成部分，区分高管的权力是理解高管在企业战略中的作用发挥的重要途径（Finkelstein, 1992）。权力被界定为个体能够实施其意愿的能力（Hickson et al. , 1971；MacMillan, 1978；Pfeffer, 1981）。高管权力的作用首先体现在战略的制定上，企业的跨国并购战略决策充满不确定性（Mintzberg et al. , 1976），高管会利用自身的权力帮助其实现其倾向实施的战略（Mintzberg, 1983）；在不确定性越大的环境中，高管团队决策越倾向于非官僚化（Thompson, 1967），高管的权力所起的作用越大。大量的实证研究也证明高管团队权力在战略决策中的重要性（Allison，1971；Bower and Doz，1979；Bourgeois，1988；Hinings et al.，1974）。例如，在 Pettigrew（1973）的研究中阐述了在企业选择计算机系统的战略决策中，高管权力帮助解决了选择的冲突问题。随着海外经历权力的增加，其转移知识到组织的意愿就越强，元分析结果证明当个体发现自己在组织中的地位重要时，如正式的权力、丰富的外部资源等，其越倾向于实施自己的创意和影响企业的产出（Clegg et al.，2002；Hammond et al.，2011；Staw，1980），如 Baer（2012）的研究发现如果个体的外部社会网络越发达，其越倾向于在企业内部实施自己的创意。按照同样的逻辑，我们认为拥有海外经历的高管的权力越大、地位越重要，其将自己的知识转移至企业内部的倾向性越大。因此，我们认为企业给予拥有海外经历的高管的激励机制越完备，其转移自己的知识和社会资本的动机越强。因此，我们提出以下假设。

假设 4：对拥有海外经历高管的激励越大，高管团队海外经历宽度对跨国并购绩效的促进作用越大。

假设 5：对拥有海外经历高管的激励越大，高管团队海外经历深度对跨国并购绩效的促进作用越大。

假设 6：对拥有海外经历高管的激励越大，高管团队海外经历来源国的多样性对跨国并购绩效的促进作用越大。

2. 高管团队知识吸收能力的调节效应

高管团队并不是高层管理者的简单组合，而是界定于良性互动、认同共同目标、资源整合优化和高效能的最高管理者团队，高管团队中具有海外经历的成员向企业转移自身的知识（包括知识、网络等）是一个动态的过程。在知识整合的二阶段模型中，拥有海外经历的高管将嵌入个体的知识转移到团队层面后，高管团队如果没有加以吸收消化和再利用，就无法将关联性知识服务于跨国并购战略。因此，高管团队对包含拥有海外经历的高管的知识在内的团队知识的组合是实现知识整合的重要环节。根据已有研究，高管团队知识组合能力由共同知识和知识吸收能力决定。因此，继续提出如下假设。

假设 7：高管团队知识吸收能力越强，其海外经历宽度对企业跨国并购绩效的促进作用越大。

假设 8：高管团队知识吸收能力越强，其海外经历深度对企业跨国并购绩

效的促进作用越大。

假设9：高管团队知识吸收能力越强，其海外经历来源国多样性对企业跨国并购绩效的促进作用越大。

五、假设汇总图

综上所述，本研究主要的理论假设如表 3-1 所示。

表 3-1　理论假设表

假设	假设内容
H1	中国企业高管团队海外经历的宽度越大，其跨国并购绩效越好
H2	中国企业高管团队海外经历的深度越大，其跨国并购绩效越好
H3	中国企业高管团队海外经历来源国的多样性越大，其跨国并购绩效越好
H4	对拥有海外经历高管的激励越大，高管团队海外经历宽度对跨国并购绩效的促进作用越大
H5	对拥有海外经历高管的激励越大，高管团队海外经历深度对跨国并购绩效的促进作用越大
H6	对拥有海外经历高管的激励越大，高管团队海外经历多样性对跨国并购绩效的促进作用越大
H7	高管团队知识吸收能力越强，其海外经历宽度对企业跨国并购绩效的促进作用越大
H8	高管团队知识吸收能力越强，其海外经历深度对企业跨国并购绩效的促进作用越大
H9	高管团队知识吸收能力越强，其海外经历来源国的多样性对企业跨国并购绩效的促进作用越大

第四章
样本选择和变量界定

一、样本的选择

由于自 2004 年开始我国上市公司高层管理者的信息披露数据才相对完整，因此，本书研究对象是 2004 年 1 月 1 日到 2016 年 12 月 31 日发生的中国沪深 A 股上市公司的跨国并购事件，并购样本来源于汤姆森 SDC Platinum 全球并购数据库，国内上市公司高层管理团队的相关数据来自国泰安数据库，财务数据来源于 Wind 数据库，其他数据来自世界银行网站、国际透明组织网站等。

首先，在汤姆森 SDC Platinum 全球并购数据库中筛选出 2004—2016 年跨国并购的沪深两市 A 股上市公司的名单和股票代码，样本按照以下标准进行选择：（1）并购方为中国沪深两市 A 股上市公司（包括中国香港本土企业），标的方为中国境外企业；（2）剔除并购标的在百慕大、开曼群岛、英属维尔京群岛的样本；（3）选择交易类型为 M&A、已经签署协议并且已经实际完成的并购，在数据库中显示为"completed"的并购事件作为研究对象；（4）剔除并购标的是并购企业子公司或者是中国企业的事件；（5）对于同一年中并购方对目标方进行多次并购，保留第一次并购作为样本；（6）将上述并购方企业通过国泰安和 Wind 数据库进行高层管理团队的特征和财务数据的匹配，剔除数据无法获取及无法计算的样本（包括并购当年或者并购之后上市的企业样本，这部分样本无法获取并购前一年或者并购当年的数据也无法进行 CAR 的计算），最终得到包括 207 家企业在内的 220 个并购事件的样本数据。

表 4 – 1　样本分类统计表

海外并购分类		样本个数/个	占总样本比率/%
并购方所属行业	计算机、通信和其他电子设备制造业	19	8.6
	电气机械及器材制造业	16	7.3
	专用设备制造业	15	6.8
	石油和天然气开采业	13	5.9
	货币金融服务	12	5.5
	医药制造业	12	5.5
	软件和信息技术服务业	11	5.0
	化学原料及化学制品制造业	9	4.1
	汽车制造业	9	4.1
	有色金属矿采选业	9	4.1
	有色金属冶炼及压延加工业	9	4.1
	其他	86	39.1
并购年份	2004	6	2.9
	2005	2	1.0
	2006	2	1.0
	2007	6	2.9
	2008	11	5.3
	2009	16	7.7
	2010	17	8.2
	2011	20	9.7
	2012	19	9.2
	2013	15	7.2
	2014	12	5.8
	2015	31	15.0
	2016	50	24.2

海外并购分类		样本个数/个	占总样本比率/%
并购标的所在国/地区	北美	59	26.8
	欧洲	66	30.0
	中国港台地区	25	11.4
	日韩	12	5.5
	东南亚	10	4.5
	其他地区	48	21.8

表 4-1 列出了样本的分类统计。首先，从并购方所属的行业①来看，制造业企业是跨国并购样本的主体，其中 22.7% 的样本企业来自计算机、通信和其他电子设备制造业以及电气机械及器材制造业与专用设备制造业这三大制造业。制造业企业之所以在样本中占据较大比重，原因在于我国是制造业大国，但是制造水平与世界先进水平相比还存在不小的差距，而通过跨国并购获取技术、品牌以及管理水平是我国制造业实现快速成长的捷径。

其次，从不同的年份发生的跨国并购的数量来看，2004—2007 年并购数量较少，从 2008 年之后，跨国并购的数量持续增加，特别是 2015—2016 年发生的跨国并购事件占总样本数的 39.2%，这与中国企业跨国并购整体的增长态势是一致的。

最后，从样本的并购标的所在区域来看，将发达国家企业作为并购标的的样本占据总样本数的一半以上。获取资源是我国企业跨国并购的主要目的之一，企业通过跨国并购获取新的能力和学习新的知识（Boateng et al.，2008），包括专利保护技术、卓越的管理和营销技巧，解决国际化的政府法规壁垒等（Errunza and Senbet，1981）。一方面是因为我国企业与发达国家跨国企业相比，在核心技术、管理营销技巧的掌握方面存在巨大差距；另一方面

---

① 其中并购方所在行业按照证监会 2012 年发布的《上市公司行业分类指引》中的大类为标准进行分类。

是发达国家往往采用政府法规的形式阻止我国企业的市场进入。因此，我国企业为了学习先进的技术、管理经验和规避发达国家的壁垒，往往选择到发达国家的市场进行跨国并购。

关注高管团队海外经历对长期整合绩效的影响时，由于关注的并购企业高管团队海外经历对长期绩效的影响，而在并购后高管团队会处于不断的变动中。因此，本章不只是考虑并购当年高管团队海外经历对滞后一年并购绩效的影响，而是采用了动态的方法，对并购后连续三年高管团队中具有海外经历高管的数据进行整理。整理出并购当年（t）、并购后一年（$t+1$）以及并购后第二年（$t+2$）并购企业高管团队的海外经历的宽度和深度，为避免内生性问题，长期整合绩效的数值相应地滞后一年，选用并购后一年（$t+1$）、并购后第二年（$t+2$）以及并购后第三年（$t+3$）的值。因此，样本的并购时间截至 2013 年，最终得到样本数为 132 起跨国并购事件，396 个拥有海外经历的高管团队样本。

二、变量的界定与测量

（一）因变量的界定与测量

1. 跨国并购的短期市场反应

跨国并购的短期市场反应指跨国并购事件期内股票市场的反应，反映了市场对企业实施跨国并购战略是否持有积极的态度。之所以考察高管团队海外经历对跨国并购的短期市场反应的作用，是因为我们认为高管团队海外经历所带来的知识是市场对企业跨国并购战略是否持有积极态度的依据之一。在具体的测量上，事件期选择参照 Calomiris 等、Gaur 等以及李青原对于中国上市公司跨国并购的研究。采用标准的事件时间方法（event – time approach），以并购宣告前后若干个交易日并购方公司的累计超额收益率（CAR）来衡量跨国并购的短期绩效，股票的超额收益率等于绝对收益率减去正常收益率。其中"正常"收益率是指如果事件不发生的话预计可以得到的收益率。林世雄（2005）介绍其衡量方法有三种，第一种方法是均值调整的收益计算法。需要估算企业在估计期间的日平均收益，即估计期内某特定企业实际收益的平均收益作为 E(R)，企业在前 30 日的实际收益 R_{jt} 分别减去 E(R) 就得到 AR 进而求出 CAR。第二种方法是市场调整的收益计算法。每家企业在事件期内的预期收益 $E(R)$ 就是当天市场指数的收益(R_{mt})，即 $AR_{jt} = R_{jt} - R_{mt}$。第三种方法叫市场模型法（Brown and Warner，1985）。这种方法用大盘指数的收益率作为正常收益率，通过对在清洁期期间内各天的收益进行回归分析来估算 $E(R)$，具体的计算方法是 $R_{jt} = a_j + B_j R_{mt} + \xi$，其中 R_{mt} 是指事件期内某一天市场指数收益，β_j 是衡量 j 企业对市场敏感度，α_j 衡量在整个期间内无法由市场来解释的平均收益，ξ 是统计误差项。市场模型明确考虑了与市场相关的风险因素和平均收益，国内外的学术研究大多采用此法进行 CAR 的计算。本种市场模型法进行 CAR 的计算，以实际并购发布的公告日期为第 0 日，估计期则是并购发布公告日前 150 日至公告发布日前 31 日，事件期为公告发布日前 30 日到公告发布日后 30 日，超额收益率 AR_{jt} 在事件期的加总，即为股票 j 在事件期 $[t_1，t_2]$ 的累计超额收益率 CAR，即 $CAR_j(t_1, t_2) = \sum_{t_1}^{t_2} AR_{jt}$。

　　本次分别计算了不同事件窗口的累计超额收益率，为了检验事件窗口的累计超常收益率是否与 0 存在显著性差异，我们进行了独立样本 T 检验和威尔科克森符号秩检验。如表 4－2 所示，并购公告日前 2 日至公告后 2 日的累计超常收益率 CAR(－2，2)均值为 0.0143，T 检验 P 值为 0.032 < 0.05，在 5% 水平上显著区别于 0；威尔科克森符号秩检验的 p 值为 0.002，在 1% 水平上显著区别于 0。因此，本章中采用 CAR(－2，2)的值作为被解释变量进行分析。

表4－2　并购事件窗口累计超常收益率

事件窗口	均值	独立样本 T 检验	Wilcoxon test
CAR(0,1)	0.008867	0.097*	0.021**
CAR(－1,1)	0.010945	0.056*	0.004***
CAR(－2,2)	0.014296	0.032**	0.002***
CAR(－3,3)	0.011458	0.100	0.018**
CAR(－10,－5)	0.002157	0.678	0.256
CAR(－10,－1)	0.003805	0.582	0.116

续表

事件窗口	均值	独立样本 T 检验	Wilcoxon test
CAR(-5, -1)	0.001475	0.751	0.318
CAR(-1)	0.002084	0.266	0.894
CAR(0)	0.004451	0.184	0.045 *
CAR(1,5)	0.004547	0.528	0.491
CAR(5,10)	-0.005336	0.430	0.298
CAR(1,10)	0.000555	0.954	0.847
CAR(-5,5)	0.010460	0.230	0.052
CAR(-10,10)	0.008800	0.475	0.082

注: *** 表示检验结果在1%水平上显著, ** 表示检验结果在5%水平上显著, * 表示检验结果在1%水平上显著。

2. 跨国并购的长期整合绩效

在对企业跨国并购绩效的相关研究中, 对并购方的并购绩效评价方法主要分为使用股票市场数据测量和使用财务数据测量两类。对于跨国并购的短期市场反应大部分文献采用事件研究法的市场绩效进行衡量, 因为根据有效市场假设, 市场所有信息都能够通过股价反映。对于并购后企业长期整合绩效的测量, 目前学术界主要采用会计核算和市场核算两条途径进行衡量 (Zollo and Meier, 2008)。会计核算法是通过会计指标来评价跨国并购绩效, 重点选择五类财务分析指标, 即盈利能力类指标、现金流量能力类指标、成长能力类指标、资产管理能力类指标和偿债能力类指标。具体指标可以计算每股收益 EPS、销售增长率、营业利润率 ROS、净资产收益率 ROE 等, 通过对比分析并购前后并购企业的这些指标变化来评价跨国并购的长期绩效。具体操作时, 可以选择这五大类指标中的单一指标或者综合指标来考察, 确定指标后通过选取较长时间跨度的面板数据, 构建合适的经济计量模型来测量跨国并购绩效。与事件研究法相比, 如近年来国内外学者多采用 DEA 投入产出指标体系 (李心丹、朱洪亮, 2003; Worthington, 2004), 该方法以总资产、三大营业费用之和 (销售费用、财务费用、管理费用)、主营业务成本作为 DEA

的投入指标，以净利润和主营业务收入作为 DEA 的产出指标构建模型测量企业跨国并购后的长期绩效。

在研究中，以市场为基础的测量法更为合适，原因在于研究对象是上市公司，企业并购后的价值最终由市场确定。另外，Zollo and Meier（2008）的研究认为企业并购后的整合与市场绩效之间的联系显著强于与会计绩效之间的联系，本章主要考察跨国并购后有海外经历的高管在企业整合过程中作用的发挥，因此，采用市场绩效更为合适。而采用事件研究法通过拉长"事件期"的方法测量跨国并购的长期绩效，随着"事件期"的拉长，不相关事件的干扰也在增加，而传统的检验模型不能对不相关事件的影响进行有效分离，采用该种方法对中长期绩效进行验证存在明显的缺陷。因此，参照 Huang et al.（2017）的测量，我们采用并购后 3 年内的 Tobin's Q 值衡量跨国并购的长期绩效（Ellis et al.，2011；Zollo and Meier，2008），计算公式为：

Tobin's Q =（年平均股价×年末股本总数 + 年末公司负债)/年末公司总资产

其中企业的年平均股价、年末股本总数、年末公司负债和年末公司总资产的数据都来自万得资讯数据库。

（二）自变量的界定与测量

关于高管团队海外经历的界定，我们认为在中国以外的国家或地区取得本科、硕士、博士学位，或有访学、培训等经历（包含中国香港特别行政区、澳门特别行政区以及中国台湾地区）可以被认定为拥有海外学习经历，以及工作过都可以被认定为拥有海外工作经历；高管团队成员海外经历能够促进跨国绩效，主要原因在于其在跨国并购事件中能够提供海外资源，包括技术、企业治理知识以及海外网络嵌入带来的社会资本。因此，其所能够提供的资源的质量影响跨国并购绩效。发达国家往往能够提供最先进的技术，为技术并购中技术的识别、并购后技术的整合提供技术支撑。公司治理标准高的国家能够提供规范的企业治理标准，拥有海外经历的高管特别是海外经历来自公司治理标准高的国家的高管对落后的企业治理机制和管理者的自利行为比较敏感。在上述这些国家的网络嵌入往往还会为跨国并购带来强大的融资，因此，相对于其他国家的海外经历，发达国家或者是企业治理标准较高的国家的海外经历能够带来更多高质量的资源，从而促进跨国并购的绩效，并将高管团队海外经历界定为来自发达国家或者地区的经历。

高管团队海外经历对中国企业跨国并购绩效的影响研究

　　考虑全球化背景下，海外经历不一定通过境外实地经历才能获得，中国港澳台地区和跨国公司也是中国大陆人员了解海外社会、先进技术和企业管理方法的重要窗口。基于知识转移和组织学习的视角考察先进的技术、管理等对新兴市场企业战略决策、战略结果的影响，在高管团队海外经历的来源上，我们选择了来自 OECD 国家和我国港澳台地区的学习工作经历、跨国公司工作的经历作为我们的研究对象。我们对 220 个并购样本截至并购日在职的 2782 名高管的个人资料进行人工查询和调查，对每个高管是否存在海外经历、存在的海外经历来自哪个国家或者地区、在海外学习工作以及生活的时间等变量进行逐一抠取。

　　为考察高管团队海外经历对中国上市企业跨国并购绩效是否存在影响，本章首先设定了哑变量：截至并购日，如果并购企业的高管团队拥有曾在海外学习、工作经历的成员，赋值为 1，反之，则赋值为 0；本章除了考察并购企业的高管团队是否拥有曾在海外学习、工作经历的成员对跨国并购绩效的影响，还进一步考察高管团队海外经历影响中国企业跨国并购绩效的内在机制，即高管团队海外经历如何发挥作用、在什么样的情境下发挥作用。高管团队成员海外经历之所以能够促进跨国并购绩效，在于其能够将海外习得的技术、嵌入的网络资源以及先进的管理经验运用到企业的跨国并购中来，其技术水平的高低、企业治理知识的多少以及海外网络嵌入的程度都对跨国并购绩效产生直接影响。但仅仅采用是否拥有海外经历（Giannett et al.，2015）或者高管团队中海外经历高管的占比（刘凤朝等，2017）这样单一指标进行衡量是不够的，因为这忽视了高管团队海外经历的内在特征；除了考察获取了多少知识，还要考察是否获取知识的累积。团队中拥有海外经历的高管占比反映出知识提供的数量，高管团队在海外学习工作的时间能够反映获取知识的累积，因此本书对高管团队海外经历进一步细化，借鉴 Godart et al.（2015）对企业领导者海外经历的分类以及知识的属性，将高管团队海外经历划分为高管团队海外经历的宽度、深度和来源国多样性三个维度，考察不同维度的海外经历对跨国并购绩效的不同影响，从而进一步剖析高管团队海外经历对跨国并购绩效的影响机理。

　　1. 高管团队海外经历的宽度。用跨国并购企业高管团队中拥有海外经历的高管人数与高管团队总人数的比值来衡量，高管团队中拥有海外经历的成员占比越多，意味着整个高管团队在跨国并购过程中可以借鉴更多的海外处理跨国并购案例的经验，可以获取更多有助于跨国并购的信息和知识。

2. 高管团队海外经历的深度。用跨国并购企业高管团队中拥有海外经历的高管在海外学习工作月数的平均数进行衡量（Maddux and Galinsky，2009），本书对所有样本中拥有海外经历的高管在海外学习或者工作的时间进行逐一认定，找出出国和回国的具体时间，得到在海外停留的时间。由于有些高管的出国时间和回国时间无法获取，我们采用了合理推断的方法，如在海外获得硕士学位，我们界定为 24 个月；如在海外获取了博士学位，我们推定海外停留的时间为 36 个月；如果是国有企业海外外派，我们推定海外停留时间为 24 个月。海外停留的时间越长，其就会接触更深层次的知识、信息和观点，通过高度的文化适应性和高度的海外商业网络或者社会网络嵌入帮助企业解决跨国并购中的困难。

3. 高管团队海外经历来源国的多样性。高管团队海外经历来源国的多样性测量采用经典的异质性指数（Bantel and Jackson，1989；Wiersema and Bantel，1992），这种方法在高管团队的研究中被广泛运用（Carpenter，2002；Finkelstein and Hambrick，1996），公式为：$B = 1 - \sum_{i=1}^{n} S_i^2$，其中 B 代表团队的异质性，S_i 表示并购企业拥有 i 国经历的高管人数占高管团队总人数的比例，n 表示该企业高管团队成员海外经历涉及国家或地区的种类数量。例如，某样本企业高管团队共有 9 人，其中 2 人拥有海外经历，这 2 人中的 1 人从美国留学归来，另一人曾经在英国工作过，此处 n 就等于 3（美国、英国和中国），其中 $S_1 = S_2 = 1/9$，$S_3 = 7/9$，则计算该高管团队海外经历来源多样性值为0.3704。高管海外经历所涉的国家或地区越多，意味着高管团队能够通过这些具有海外经历的成员观察到更多解决问题的方法，能够通过他们海外的专业网络获取更多的信息，以便更好地解决跨国并购中遇到的问题（Laursen，Masciarelli and Prencipe，2012）[①]。

（三）调节变量的界定与测量

根据第三章的论述，高管团队海外经历向跨国并购提供所需知识促进

---

① Laursen K, Masciarelli F, Prencipe A. Trapped or spurred by the home region? The effects of potential social capital on involvement in foreign markets for goods and technology[J]. Journal of International Business Studies, 2012, 43(9):783 – 807.

跨国并购绩效，但高管的海外经历所带来的知识嵌入个体之中，知识基础观强调个体知识只有整合到组织中才能发挥作用。资源基础理论认为，那些稀缺的、不可替代的、不可复制的、有形的或无形的资源是企业保持持续竞争优势的源泉（Wernerfelt，1984）。从资源基础理论发展而来的知识基础观明确强调异质的专业知识是公司重要的战略性资源，有助于公司形成持久的竞争力（Grant，1996）。知识嵌入在拥有海外经历的高管身上，要想在跨国并购中的战略决策、实施以及并购后的整合协同中发挥作用，就必须促进个体向组织的知识转移。根据第三章的假设，海外高管的激励以及高管团队的知识吸收能力会影响知识的有效转移。本书采用海外经历高管的股权占比来代表激励，用高管团队的年轻化程度来代表高管团队的知识吸收能力。

1. 海外经历高管股权激励

关于高管股权激励对高管治理行为影响的研究主要分为两种观点：一是利益趋同说（Jensen and Meckling，1976），认为股权激励能够缓解公司股东和经理人之间的委托代理问题，降低代理成本，提升企业价值（Stulz，1988）；二是堑壕效应假说，认为高管的股权激励会提升高管的权力，随着权力的增加，其对抗外部压力的能力增强，增加委托代理的成本，从而降低企业价值（Shleifer and Vishny，1997；Short and Keasey，1999）。本书认为，在中国企业跨国并购的情境下，高管对并购后的企业价值有较高的期许，给予特定高管股权激励带来的正面促进效应大于负面效应。高管向团队转移知识的意愿需要制度来激励，高管需要得到相应期望下的激励，尤其是长期、有效的激励，以促使他们在实现个人价值的同时为公司的长远发展做出贡献（Holmstrom，1999）。股权激励作为一种重要的公司治理机制，是促进拥有海外经历的高管进行知识转移的重要驱动力。

拥有海外经历的高管的股权占比反映了企业对拥有海外经历的高管的激励制度，给予股权激励越强，意味着拥有海外经历的高管预期收益与跨国并购绩效的关联性越大，其在高管团队中贡献跨国并购所需的关联性知识的意愿就越强，从而促进跨国并购绩效。本书采用拥有海外经历的高管在企业中的股权占比衡量企业对海外经历高管激励强度，用拥有海外经历的高管的薪酬在高管团队总薪酬中的占比进行稳健性检验。

2. 高管团队知识吸收能力

高阶理论一直以来都关注高管团队年龄对企业的作用，Child（1974）和 Hart and Mellons（1970）认为高管的年轻化能够促进企业的成长，还有学者认为年轻的管理者能够促进销售额和收益的增加，在此基础上，Hambrick（1984）认为年轻的管理者意味着创新和敢于冒险，原因在于：第一，年长的管理者缺乏身体和心理上的精力（Child，1974），无法把握新的想法和学习新的行为（Chown，1960）。随着管理者年龄的增加，尽管他在积极搜寻和评估信息，但他会花费较长的时间进行战略决策，使其在企业决策时整合信息的能力和决策的信心减弱（Taylor，1975）。第二，年长的管理者对组织的现状存在心理承诺，倾向于维持组织现在的状况，不愿意做出改变（Alutto and Hrebiniak，1975；Stevens et al.，1978）。第三，年长的管理者会认为其财产保障和职业保障非常重要，其社交圈、消费习惯以及对退休后的期望都是固定的，任何破坏这一切的冒险行为都是不被他们接受的（Carlsson and Karlsson，1970）。因此，在相同的情况下，拥有年轻管理者的企业相对于拥有年老管理者的企业更倾向于追逐风险，如不相关的多元化、产品创新和财务杠杆，进而会拥有高于行业平均水平的成长。高管团队的年龄不仅影响其战略倾向，也会影响企业战略决策的改变。Grimmand（1991）、Wiersema and Bantel（1992）、Golden and Zajac（2001）的研究都认为随着高管年龄的增加，企业就越保守，就越不愿意承担风险，从而企业战略决策改变的可能性就越低。

根据以上所述，本书认为年轻的高管团队创新能力强，对拥有海外经历的高管的知识吸收能力强；外语能力强，乐于接受新知识，对国际环境和国外文化都有一定的了解和认知，与拥有海外经历的高管拥有共同的知识，高管团队的年轻化通过吸收能力和共同知识增强团队知识组合能力。在实践中，我们也发现近年来企业偏向于构建年轻化的高管团队，根据中国与全球化智库和中国社会科学院社科文献出版社联合发布的企业蓝皮书——《中国企业全球报告（2014）》，我国央企高管中 51~60 岁的人占 65%，平均年龄为 53.83 岁，韩国上市公司高管平均年龄为 52.5 岁，海尔、华为等大型民企高管的平均年龄仅为 47.5 岁和 46.0 岁。

企业高管团队的年龄结构越年轻化，企业在战略制定和实施上越具有开放性（Tihanyi et al.，2000），本书采用并购企业高管团队的平均年龄代表高管团队的年轻程度，平均年龄越低，意味着高管团队对外部知识的吸收能力越强，平均年龄越高，意味着对外部知识的吸收能力越弱。为进一步验证高管团队年轻化代表高管团队知识吸收能力的作用，本书还从Wind金融数据库中的企业关于高新技术企业资格认证的公告中获取了企业是否属于高新技术企业的数据，用企业是否属于高新技术企业进行稳定性检验。

（四）控制变量的界定与测量

参照顾露露（2011）构建的影响中国企业跨国并购绩效因素的模型，在上述中国企业跨国并购绩效影响因素的基础上，我们还选取了并购企业产权性质、目标企业行业性质、跨国并购是否聘请了专业顾问、制度距离、文化距离等作为控制变量考察对跨国并购的短期市场反应的影响。

1. 并购企业是否有国有产权属性

在研究中国企业跨国并购绩效时，企业的国有产权对跨国并购绩效的影响成为众多学者关注的对象。进行跨国并购的上市公司的股权所有者可以分为：国家、法人、外国金融机构和个体投资者（Wei，2007），实际上大部分进行跨国并购的企业的最终所有者是国家。国有产权对跨国并购绩效的影响首先体现在企业跨国并购的战略动机上，国有企业的海外并购往往更多地出于国家战略目的，并非将企业的经济利益放在首位，表现为此类并购的高额溢价；其次在国有企业中，较高集中度的国有产权会产生产权主体缺位导致管理机会主义的产生，管理者关注自己的利益而非股东的利益，带来所有者冲突（Principal – principal conflicts），无法保证跨国并购绩效（Chen and Young，2010）；而民营企业的海外并购更有可能追求盈利能力和效率，有动力充分调动高管团队的海外经历所蕴含的知识。尽管有研究认为企业的国有产权能够为跨国并购提供融资作用（Child and Rodrigues，2005），但是企业持有的现金越多，在跨国并购中越容易导致盲目投资。本书依据样本企业的年报获得该企业的国有股比例是否具有国有成分，并将该变量设为虚拟变量，其中国有股比例小于20%的企业的样本数据设为0，国有股比例大于20%的企业的样本数据设为1（冯梅、郑紫夫，2016）。

2. 并购目标所在行业

对于中国企业跨国并购而言，并不具备国际区域优势、所有权优势及内部优势（Deng，1977），因此，是否有政府的支持就成为并购能否取得成功的重要因素。在中国海外直接投资的过程中，中国政府的激励性政策和国有企业在海外并购中所起的关键性作用无须质疑（Morck et al.，2008）。其中对高技术产业及矿产资源产业的支持力度表现尤为突出，例如，中国政府自 2000 年以来先后推出了市场开拓专项资金、对外经济技术合作专项资金、矿产资源风险勘查专项资金、"走出去"专项资金等涉及促进境外投资的政府专项资金；国家发展改革委和中国进出口银行于 2003 年 5 月颁布的《关于对国家鼓励的境外投资重点项目给予信贷支持有关问题的通知》规定，每年都安排"境外投资专项贷款"，符合条件的企业可享受出口信贷优惠利率。另外，也有研究认为东道国国家基于"国家安全"的考虑，会对我国企业境外资源能源类、高新技术类投资并购设置障碍，阻止此类并购的顺利完成（张广荣，2008）。因此，我们增加"目标企业是否为矿产资源类企业"为控制变量，如果目标企业是矿产资源类企业，赋值为 1，其他则赋值为 0；还增加"目标企业是否为高新技术类企业"为控制变量，如果目标企业为高新技术类企业，则赋值为 1，其他则赋值为 0。以上数据从汤姆森 SDC 目标企业的所属行业中获取。

3. 是否聘用专业顾问

对于缺乏并购经验的新兴市场国家跨国并购的企业而言，跨国并购是一项需要投入大量资源，但不确定性大、风险性很高的战略行为，企业需要投入额外资源来控制和管理这些风险。并购企业面对的风险主要来源于外部环境和目标企业内部的不确定性，外部环境的不确定性体现在对东道国的制度、文化、市场信息了解的缺乏，目标企业内部的不确定性主要包括并购前识别目标企业真实价值、并购后企业中机会主义行为以及整合障碍（Balakrishnan and Koza，1993；Chen and Hennart，1994；高良谋，2003）。而专业咨询机构能够给实施跨国并购的企业提供外部信息支持，专业的机构会帮助其评估目标公司的价值、东道国的市场风险等，专业机构经验的丰富性、调查的便利性以及在全球强大的网络能够帮助并购企业更好地解决并购中的困难，促进并购绩效的提升。因此，本书将是否聘用专业咨询机构作为控制变量纳入模型的验证中，在数据的获取上，从汤姆森SDC 数据库中获取并购企业是否聘用了专业性的机构，如果聘用，则赋值为 1；如果没有聘用专业机构，则赋值为 0。

4. 制度距离

尽管在影响方向上仍然存在争议，但是现有文献对制度距离能够影响新兴市场企业跨国并购绩效已经达成共识，因此，制度距离已被纳入验证模型。在具体测量方法上，学术界对制度距离已经形成了完整的测量体系，本章借鉴 Estrin et al.（2009）的制度距离划分方法，将其分为正式和非正式制度距离。正式制度距离用经济制度距离和法律制度距离表示，非正式制度距离用文化制度距离表示。我们采用美国传统基金会公布的全球经济自由度指数（EFI）衡量母国与东道国正式经济制度距离。美国传统基金会对每个国家的市场制度进行了综合评分，包含贸易政策、政府财政负担、政府对经济的干预、货币政策、资本流动与外国投资、金融业、工资及价格、产权保护、政府规制和信息市场十个方面，较全面地涵盖了一国的市场经济制度。我们将这一评分进行标准化处理，再以中国与东道国标准化后的评分之差表示正式经济制度距离；法律制度距离我们采用世界银行开发的全球治理指数（WGI），该指数包含民主义程度、政治稳定性、政府管制效率、法治环境和腐败控制五个子指标，可以全面反映一国（地区）包含行政和司法在内的管制制度质量。参考 Chan and Makino（2008）的方法，先以主成分法对 WGI 抽取一个公因子，再以中国与东道国公因子的差来表示正式法律制度距离，并参照张弛（2017）的做法，用经济制度距离代表正式制度距离。

5. 文化距离

文化距离的测量采用 Hofstede's 的文化距离的测量方法（Hofstede，1980；Hofstede and Minkov，2010）。文化距离指数包含了权力距离（Power distance）、个人主义（Individualism）、男性主义（Masculinity）、不确定性避免（Uncertainty Avoidance）和长远规划（Long-term Orientation）五个维度，在得到各国的制度指标值之后，采用 Kogut and Singh（1988）的公式：$CD_{jk} = \ln \sum \left[(D_{ij} - D_{ik})/V_i \right]/5$ 构造出东道国与本国文化距离的变量。

其中，D_{ij} 和 D_{ik} 分别表示本国和东道国第 i 个分项指标值，V_i 为 i 指标的方差。但是，由于 Hofstede 指数涵盖的国家仅有 74 个，我们又参考 House et al.（2004）① 按文化信仰相似性对全球进行的区域分类，缺失的 Hofstede 指数用文化信仰相似的国家和地区的指数进行替代。

　　由于企业跨国并购后长期整合绩效的影响因素与跨国并购短期市场反应的影响因素存在差异性，本书在建立高管团队海外经历对跨国并购绩效的实证模型时对控制变量做了相应的调整。首先，跨国并购过程中聘请的专业机构会帮助其评估目标公司的价值、东道国的市场风险等，专业机构经验的丰富性、调查的便利性以及在全球强大的网络能够帮助并购企业更好地解决并购中的困难，增强市场对跨国并购的预期，而在跨国并购后的整合过程中，专业机构的作用逐渐减弱。因此，在并购后长期绩效的预测中，不再使用企业是否聘用专业机构作为控制变量；目标企业是否属于高科技企业、能源型企业在短期绩效中影响较大，因为市场在信息不充分的情况下，会观察对方企业的性质推测并购的绩效，从而对短期的市场反应有较大的影响；而在并购后的整合过程中，企业隶属于什么样的行业对并购后的长期绩效的影响减弱。并购方与目标方的制度距离、文化距离直接影响跨国并购后的整合难度，因此，我们仍然将制度距离、文化距离作为控制变量之一。由于并购企业是并购后整合的主导者，并购企业的特征也是重要的控制变量之一，并购企业前期的绩效是影响后期绩效的主要因素，所以我们采用企业在并购前的市场价值［Tobin's Q（$t-1$）］作为重要的调节变量。已有的研究表明，并购企业的规模不仅能够增强企业绩效，还能够促进企业跨国并购后的有效整合（Ellis et al.，2011；Pablo，1994）。原因在于企业的规模越大，其资源越多，在并购过程中整合能力就越强，因此，我们增加了代表企业规模的变量作为控制变量，如企业总资产的对数（ln$C$）进行衡量。另外，基于大量文献认为企业的国有产权性质在跨国并购中的作用（Chen and Young，2010；Du and Boateng，2015），所以还选取了企业是否为国有企业（SOE）作为控制变量（见表 4 - 3）。

---

　　① House，et al. Culture，leadership and organizations：the GLOBE study of 62 societies[J]. Zeitschrift für Arbeits - und Organisationspsychologie，2004，50（3）：167 - 169.

表 4 - 3　变量的定义及数据来源

变量	变量定义	数据来源
CAR(-2,2)	并购事件窗口为(-2, +2)的累计超常收益率	根据国泰安 CSMAR 数据库个股交易数据计算
Tobin's Q ($t+1$)	并购企业滞后一年的绩效	根据国泰安数据计算
(FE)Foreign Experience	并购企业高管团队是否有海外经历,高管团队中至少有一人拥有海外工作经验或者求学经验,是则为1,否则为0	根据国泰安数据库和调查整理而得
Breath	高管团队成员中具有海外经历人员占高管团队人数的比例	国泰安数据库和笔者手工整理
Depth	高管团队海外经历的平均时间(以月进行计算)	笔者手工整理
Diversity	高管团队海外经历的多样性,参照 Bantel and Jackson (1989) 异质性指数进行计算	笔者手工计算
Equity Ratio (ER)	以高管团队中具有海外经历的高管的股权占比进行衡量,用海外经历高管的薪酬占高管团队薪酬比例做稳健性检验	根据国泰安数据库和调查整理而得
AGE	高管团队的平均年龄,用来衡量并购企业对外部知识的吸收能力;用并购企业是否属于高科技企业进行稳定性检验	根据国泰安数据库加工整理
Eco ID(Economic Institutional Distance)	采用美国传统基金会公布的全球经济自由度指数(EFI)衡量母国与东道国正式经济制度距离	美国传统基金会
Faw ID(Faw Institutional Distance)	采用世界银行开发的全球治理指数(WGI)的差距	世界银行

变量	变量定义	数据来源
CD（Culture Distance）	Hofstede's 的文化距离的测量方法	Holfstade 指数
SOE	并购企业是否拥有国有产权，是则赋值为 1，否则赋值为 0	国泰安数据库
MET（Mines and Energy Target）	目标企业是否属于矿产能源类企业，是则赋值为 1，否则赋值为 0	SDC 数据库
HTT（High Technology Target）	目标企业是否属于高技术企业，是则赋值为 1，否则赋值为 0	SDC 数据库
AA（Acquiror Advisors）	并购方是否聘用了专业顾问，是则赋值为 1，否则赋值为 0	SDC 数据库
Tobin's Q $(t-1)$	并购企业前期的绩效	根据国泰安数据计算
$\ln C$	并购企业总资产的对数	根据国泰安数据计算

第五章
实证分析

一、短期市场反应的实证分析

(一) 实证模型

本书首先考察高管团队海外经历是否能够对企业的跨国并购绩效产生影响，并采用独立样本 T 检验，比较高管团队是否有海外经历对跨国并购的市场反应有无实质性差异，$P > 0.05$，故方差齐性，T 检验 $P = 0.021$ 在 5% 水平上显著，即高管团队是否拥有海外经历的高管在跨国并购的短期市场反应上存在显著性差异（见表 5-1），因此假设 1 得到验证。

表 5-1　跨国并购的短期市场反应独立样本 T 检验结果

		方差方程的 Levene 检验		均值方程的 T 检验		
		F	Sig.	t	df	Sig.（双侧）
CAR (-2,2)	假设方差相等	2.992	0.085	-2.325	218	0.021**
	假设方差不相等			-1.964	95.876	0.052

在得出有无海外经历对跨国并购的短期市场反应存在显著性差异的基础上，进一步考察高管团队的海外经历如何作用于跨国并购的短期市场反应，构建并购企业高管团队海外经历不同维度对跨国并购绩效影响的模型：

$$CAR = \beta_0 + \beta_1 Breath + \sum_{i=2}^{n} \beta_i Control + \varepsilon \qquad (5-1)$$

$$CAR = \beta_0 + \beta_1 Depth + \sum_{i=2}^{n} \beta_i Control + \varepsilon \qquad (5-2)$$

$$CAR = \beta_0 + \beta_1 Diversity + \sum_{i=2}^{n} \beta_i Control + \varepsilon \qquad (5-3)$$

此处的 Breath、Depth 和 Diversity 是高管团队海外经历的三个维度，分别代表高管团队海外经历的宽度、深度和来源国多样性；CAR 为被解释变量，是海外并购事件引起的并购方股价的累计超额回报，反映跨国并购的短期市场反应；β_0 为截距项，β_1 为高管团队不同维度海外经历的回归系数，代表高管团队海外经历的不同维度对跨国并购的短期市场反应的影响程度；Control 为方程的控制变量，包括上述除解释变量之外的其他因素；$\sum_{i=2}^{n} \beta_i$ $(i=2,\cdots,n)$ 为控制变量的回归系数，代表控制变量对跨国并购绩效的影响程度；ε 为随机扰动项，代表其他未包含在模型内的影响跨国并购短期市场反应的因素。

考虑到知识整合对主效应的调节作用，在上述模型的基础上将海外经历高管的股权占比（ER）、企业高管团队年轻化（AGE）与高管团队海外经历不同维度的交互项引入模型，形成如下模型：

$$CAR = \beta_0 + \beta_1 Breath(Depth/Diversity) +$$
$$\beta_2 Breath(Depth/Diversity)^* ER +$$
$$\sum_{i=3}^{n} \beta_i Control + \varepsilon \qquad (5-4)$$

$$CAR = \beta_0 + \beta_1 Breath(Depth/Diversity) +$$
$$\beta_2 Breath(Depth/Diversity)^* AGE +$$
$$\sum_{i=3}^{n} \beta_i Control + \varepsilon \qquad (5-5)$$

$$CAR = \beta_0 + \beta_1 Breath(Depth/Diversity) +$$
$$\beta_2 Breath(Depth/Diversity)^* ER +$$
$$\beta_3 Breath(Depth/Diversity)^* AGE +$$
$$\sum_{i=4}^{n} \beta_i Control + \varepsilon \qquad (5-6)$$

引入海外经历高管股权占比和企业高管团队年轻化与高管团队海外经历的交互项，交叉项系数 β_2 代表在高管团队海外经历宽度、深度、海外经历来源国多样性一定的情况下，具有海外经历高管股权占比、高管团队的平均年龄对跨国并购短期市场反应的影响。其中，具有海外经历高管的股权占比代表对海外经历高管知识贡献的激励，高管团队的平均年龄代表着对个体知识的吸收能力，式（5-4）和式（5-5）中的系数 β_2 衡量了海外经历高管股权占比、高管团队的平均年龄如何影响高管团队海外经历对跨国并购的短期市场反应的作用。

（二）变量描述性统计分析

模型构建考察高管团队海外经历不同的维度对跨国并购短期市场绩效的影响，因此，在全样本的基础上剔除了没有海外经历高管的并购样本，最终得到 148 起并购事件进行模型的检验，为避免这样的处理可能带来的样本选择偏差问题，经分析后，我们使用 Heckman 两阶段模型进行了稳健性检验。表 5-2 报告了所有变量的描述性统计分析。其中，并购公告 CAR（-2,2）事件窗口的累计超额收益率最小值为 -0.2233，最大值为 0.3694，均值为 0.0249，表明中国企业海外并购事件在公告日前后的短期内有正的平均回报。尽管大量研究认为中国企业的跨国并购不成功，但从整体的市场反应来看，市场投资者对中国企业的跨国并购仍然持有较为乐观的态度，这与 Chen and Young（2010）和顾露露、Reed（2011）对中国企业海外并购绩效研究的结果一致。尽管顾露露、Reed（2011）认为中国内地市场存在明显的信息外泄和内部交易现象，Chen and Young（2010）和顾露露、Reed（2011）的研究结果显示市场对中国企业的跨国并购行为是认同的，因为对于新兴市场国家而言，企业实施跨国并购战略符合整合全球化资源，提高企业经营绩效，促进国民经济持续稳定地发展，迅速提升企业高新技术研发能力，是学习发达国家企业先进经验的必经之路。

海外经历高管在高管团队的占比最小值为 0.0455，最大值为 0.7500，均值为 0.1507；样本企业高管团队海外经历的平均时间最小值为 1.0000，最大值为 97.5000，均值为 9.9149；高管团队中海外经历来源国多样性的最小值为 0，最大值为 0.7348，均值为 0.1843；海外经历高管在企业的股权占比的最小值为 0，最大值为 0.4797，均值为 0.0147。这些数据说明了在实施跨国并购的过程中，中国企业通过引进海外经历的高管提升跨国并购绩效的过程中，拥有海外经历的高管在高管团队中的权力相对较弱，调动其发挥作用的激励机制还有待加强。25%的高管团队中海外经历来源国与东道国存在一致性，16%的并购目标企业属于高科技企业，84%的并购企业来源于东部地区，12%的并购目标属于能源企业，说明了获取技术和资源是我国企业跨国并购的主要目的之一。41%的企业聘请了专业的顾问，说明了利用外部知识是企业进行跨国并购的重要途径。23%的并购企业是国有企业，验证了前文所说的国有企业是跨国并购的重要组成部分。

表 5-2　变量描述性统计

	极小值	极大值	均值	标准差
CAR（-2，2）	-0.2233	0.3694	0.0249	0.0766
Breath	0.0455	0.7500	0.1507	0.1083
Depth	1.0000	97.5000	9.9149	11.9451
Diversity	0.0000	0.7348	0.1843	0.1709
ER	0.0000	0.4797	0.0147	0.0622
AGE	0.0000	0.8800	0.1348	0.1715
ID	-0.5433	3.4046	1.9185	0.8581
CD	0.3561	5.0682	2.7056	1.2444
HTT	0.0000	1.0000	0.1600	0.3700
MET	0.0000	1.0000	0.1200	0.3280
AA	0.0000	1.0000	0.4100	0.4930
SOE	0.0000	1.0000	0.2300	0.4220

（三）变量相关性统计分析

表 5-3 显示了主要变量之间的 Pearson 相关系数，高管团队海外经历的两个维度：高管团队海外经历的宽度、深度高度相关（相关系数为 0.73），高管团队海外经历来源国多样性与高管团队海外经历的宽度和深度高度相关

（相关系数分别是0.87和0.67）；三者与因变量CAR（-2,2）之间的相关系数均为正数，表明了高管团队的海外经历能够促进跨国并购绩效。其他调节变量、控制变量与自变量之间的相关系数均不是很高，初步表明了自变量之间的多重共线性问题不严重，可以进行进一步的模型回归分析。

表5-3　主要变量相关性统计分析

		1	2	3	4	5	6	7	8	9	10	11	12
1	CAR（-2,2）	1											
2	Breath	0.23	1										
3	Depth	0.21	0.73	1									
4	Diversity	0.15	0.87	0.67	1								
5	ER	0.15	0.42	0.47	0.24	1							
6	AGE	-0.02	0.06	0.03	0.15	0.30	1						
7	ID	0.01	0.13	0.17	0.10	0.05	0.08	1					
8	CD	-0.05	0.03	0.10	0.04	0.06	0.03	-0.01	1				
9	HTT	-0.07	0.05	0.08	-0.01	0.11	0.26	0.16	-0.03	1			
10	MET	-0.08	-0.05	-0.16	-0.01	0.07	-0.14	-0.32	-0.01	-0.16	1		
11	AA	0.28	0.03	-0.01	0.12	0.01	-0.01	-0.04	0.03	-0.18	0.03	1	
12	SOE	-0.14	-0.10	-0.15	0.05	-0.13	-0.26	-0.04	-0.00	-0.15	0.09	0.07	1

（四）回归结果分析

表5-4、表5-5和表5-6分别考察了高管团队海外经历宽度、深度和来源国多样性对跨国并购的短期市场反应的影响，模型0只包括控制变量，结果显示有海外经历的高管股权占比、企业在跨国并购中聘请专业的顾问显著地促进了跨国并购绩效，系数分别为0.187和0.045，在10%和1%水平上显著。企业的国有产权性质对跨国并购绩效产生负面影响，系数

为 – 0.027，在 10% 水平上显著，也就是说，相对于民营企业，国有企业跨国并购的短期市场反应表现并不是很好，即市场对国有企业实施的跨国并购并不看好。其他控制变量的作用虽然不显著，但可以从系数上看出并购双方所在国家的制度距离、文化距离越大，意味着并购的难度越大，市场对其成功实施并购的信心越弱，因此与跨国并购绩效呈现负相关，目标企业所属的行业是高科技行业和能源性行业与跨国并购的绩效负相关。尽管此类并购有我国政府在政策和融资上的支持，但这些行业是敏感性行业，来自新兴市场企业的跨国并购可能会导致东道国政府的抵制，大量中国企业在发达国家进行高技术和能源企业的并购失败案例使市场对此类并购的前景并不看好。

表 5 – 4　高管团队海外经历的宽度、跨国并购的短期市场反应及调节效应

	Baseline	Breath			
Model	(0)	(1)	(2)	(3)	(4)
Breath		0.120*	0.086	0.169***	0.135**
		(0.062)	(0.061)	(0.061)	(0.061)
Breath*ER			0.148***		0.124***
			(0.047)		(0.046)
Breath*AGE				– 0.005***	– 0.004***
				(0.001)	(0.001)
ER	0.187*	0.100	– 0.407**	0.067	– 0.298
	(0.099)	(0.109)	(0.193)	(0.106)	(0.184)
AGE	0.002	0.001	0.001	0.009***	0.008***
	(0.002)	(0.002)	(0.002)	(0.003)	(0.003)
ID	– 0.001	– 0.001	– 0.001	0.002	– 0.001
	(0.008)	(0.008)	(0.008)	(0.008)	(0.007)
CD	– 0.006	– 0.006	– 0.006	– 0.006	– 0.004
	(0.006)	(0.006)	(0.006)	(0.006)	(0.006)

续表

Model	Baseline (0)	Breath (1)	(2)	(3)	(4)
SOE	−0.027* (0.015)	−0.021 (0.015)	−0.025* (0.015)	−0.021 (0.015)	−0.022 (0.014)
HTT	−0.006 (0.019)	−0.009 (0.018)	−0.008 (0.018)	−0.010 (0.018)	−0.005 (0.017)
MET	−0.025 (0.020)	−0.020 (0.020)	−0.017 (0.020)	−0.019 (0.019)	−0.008 (0.019)
AA	0.045*** (0.013)	0.045*** (0.012)	0.044*** (0.012)	0.049*** (0.012)	0.048*** (0.012)
常数	−0.032 (0.089)	−0.024 (0.087)	0.018 (0.086)	−0.384*** (0.141)	−0.341** (0.138)
Adjusted R^2	0.094	0.112	0.165	0.165	0.222
样本数	148	148	148	148	148

注：因变量为 CAR（−2，2），* 表示10%水平上显著，** 表示5%水平上显著，*** 表示1%水平上显著。

表5−5　高管团队海外经历的深度、跨国并购的短期市场反应及调节效应

Model	Depth (5)	(6)	(7)	(8)
Depth	0.001 (0.001)	0.000 (0.001)	0.001 (0.001)	0.001 (0.001)
Depth*ER		0.010*** (0.003)		0.010*** (0.003)
Depth*AGE			−0.00018 (0.0002)	−0.0002 (0.0002)
ER	0.097 (0.116)	−0.174 (0.134)	0.086 (0.116)	−0.228* (0.137)

	Depth			
Model	（5）	（6）	（7）	（8）
AGE	0.001	0.001	0.001	0.000
	（0.002）	（0.002）	（0.002）	（0.002）
ID	−0.001	−0.000	−0.000	0.000
	（0.008）	（0.008）	（0.008）	（0.008）
CD	−0.007	−0.006	−0.007	−0.008
	（0.006）	（0.006）	（0.006）	（0.006）
SOE	−0.019	−0.028*	−0.019	−0.022*
	（0.015）	（0.015）	（0.016）	（0.015）
HTT	−0.009	−0.004	−0.011	−0.011
	（0.018）	（0.018）	（0.019）	（0.018）
MET	−0.015	−0.013	−0.016	−0.015
	（0.021）	（0.020）	（0.021）	（0.020）
AA	0.045***	0.042***	0.046***	0.040***
	（0.012）	（0.012）	（0.012）	（0.012）
常数	0.006	0.022	0.020	0.056
	（0.090）	（0.086）	（0.091）	（0.090）
Adjusted R^2	0.103	0.180	0.098	0.185
样本数	148	148	148	148

注：因变量为 CAR（−2，2），* 表示 10% 水平上显著，** 表示 5% 水平上显著，*** 表示 1% 水平上显著。

表 5－6　高管团队海外经历的多样性、跨国并购的短期市场反应及调节效应

	Diversity			
Model	（9）	（10）	（11）	（12）
Diversity	0.002	−0.025	1.403**	1.133**
	（0.047）	（0.046）	（0.547）	（0.542）
Diversity*ER		1.865***		1.661***
		（0.589）		（0.589）

Model	Diversity			
	（9）	（10）	（11）	（12）
Diversity * AGE			-0.029^{**}	-0.024^{**}
			（0.011）	（0.011）
ER	0.183^{*}	-0.610^{**}	0.172^{*}	-0.532^{*}
	（0.103）	（0.270）	（0.101）	（0.268）
AGE	0.001	0.000	0.009^{**}	0.007^{**}
	（0.002）	（0.002）	（0.003）	（0.004）
ID	-0.000	-0.000	-0.000	-0.000
	（0.000）	（0.000）	（0.000）	（0.000）
CD	-0.005	-0.006	-0.005	-0.006
	（0.006）	（0.006）	（0.005）	（0.006）
SOE	-0.028^{*}	-0.028^{*}	-0.026^{*}	-0.027^{*}
	（0.015）	（0.015）	（0.015）	（0.014）
HTT	-0.012	-0.004	-0.014	-0.017
	（0.017）	（0.018）	（0.018）	（0.017）
MET	-0.027	-0.025	-0.033^{*}	-0.031
	（0.020）	（0.019）	（0.020）	（0.020）
AA	0.044^{***}	0.045^{***}	0.046^{***}	0.046^{***}
	（0.013）	（0.012）	（0.012）	（0.012）
常数	-0.017	0.023	-0.418^{**}	-0.312^{*}
	（0.088）	（0.086）	（0.178）	（0.178）
Adjusted R^2	0.084	0.140	0.120	0.162
样本数	148	148	148	148

注：因变量为 CAR （-2，2），* 表示 10% 水平上显著，** 表示 5% 水平上显著，*** 表示 1% 水平上显著。

表 5-4 中模型 1 增加了自变量高管团队海外经历的宽度与跨国并购绩效的回归，高管团队海外经历的宽度的系数为 0.120，在 10% 水平上显著，

意味着在其他条件固定的情况下，高管团队中海外经历高管的占比越高，市场对跨国并购的绩效越有信心。在表 5 - 5 的模型 5 中，高管团队海外经历深度对跨国并购绩效的影响系数为正（0.001），但却不显著，原因可能在于我们考察市场的即期反应，市场基于对高管团队海外经历深度的观察是有限的，高管团队的海外经历时间是相对隐蔽的信息，市场难以在短期内获取完整信息。表 5 - 6 的模型 9 中高管团队海外经历的多样性对跨国并购的短期市场反应的影响系数为正（0.002），但也不显著，原因可能在于市场对于高管团队海外经历的多样性带来的收益和冲突之间的关系并不明确。

另外，与模型 0 相比，模型 1 调整后的 R^2 从 0.094 增长到了 0.112，模型 6 调整后的 R^2 增长到了 0.180，增长幅度达到20% 和 75%，模型 5 调整后的 R^2 有所下降，说明高管团队的海外经历的宽度和深度是解释企业跨国并购的短期市场反应的重要因素，而高管团队海外经历的多样性对企业跨国并购的短期市场反应的促进作用不显。综上所述，假设1、假设2 得到了验证。

根据第三章中的知识基础观的论述，高管海外经历所蕴含的知识并不必然转化为组织的知识并服务于跨国并购，知识的转移受到对知识贡献者的激励和高管团队知识整合能力的影响，因此，除上述的高管团队海外经历对跨国并购绩效的促进作用的检验外，本章将继续检验拥有海外经历的高管在企业中的股权占比以及并购企业高管团队平均年龄对上述主效应的调节作用。

表 5 - 4、表 5 - 5 和表 5 - 6，模型 2 ~ 4、模型 6 ~ 8 和模型 10 ~ 12 汇报了上述的调节效应。在模型 2 和模型 6 中，海外经历高管在企业中股权占比（ER）是调节变量，考察其对高管团队海外经历宽度促进跨国并购绩效的影响时，系数 β_2 的值为 0.148，在 1% 水平上显著，考察其对高管团队海外经历深度促进跨国并购绩效的影响时，系数 β_2 的值为 0.010，也在 1% 水平上显著，意味着拥有海外经历的高管股权占比越大，高管团队海外经历对跨国并购宣告的市场的反应越积极。假设 4 得到验证，当拥有海外经历的高管在企业中股权占比越大时，跨国并购的收益与自身收益的关联性就越紧密，股权激励促进其知识转移至团队层面并服务于跨国并购，则会争取更大的收益。另外，拥有海外经历的高管在企业中的股权占比越大，其对自己进行知识转移的成功性越有信心，当个体预期自己的行为能够有效实施时，其实施行为的动力也就越强。模型 4、模型 8 和模型 12 的全模型结果显示，增加了调节效应的作用后，构建的高管团队海外经历宽度对跨国并购的短

期市场反应影响模型调整后的 R^2 从 0.112 增加到了 0.222，高管团队海外经历深度对跨国并购的短期市场反应影响模型调整后的 R^2 从 0.103 增加到了 0.185，高管团队海外经历深度对跨国并购的短期市场反应影响模型调整后的 R^2 从 0.084 增加到了 0.162，增幅均接近100%，说明了模型构建的合理性和科学性。

进一步比较高管团队海外经历不同维度在跨国并购绩效上的差别，可以发现不管是高管团队海外经历宽度还是高管团队海外经历的深度，抑或是高管团队海外经历的多样性，对跨国并购的绩效的影响都为正，进一步验证了假设1、假设2和假设3。不同之处在于高管团队海外经历的宽度对跨国并购的短期市场反应的正向促进作用是显著的，而高管团队海外经历的深度和多样性对跨国并购的短期市场反应的正向促进作用不显著，原因可能在于此处我们考察的是市场的短期市场反应，市场只能根据高管团队海外经历的简单信息进行判断；而高管团队海外经历的深度属于较为复杂的信息，市场无法在短期内获取这些信息，市场也无法确定高管团队海外经历的多样性给跨国并购带来收益和冲突的比较，因此其作用不显著。

对上述模型进一步进行多重共线性检验，结果如表5-7所示，所有自变量的 VIF 值都小于10，进一步验证了上面的结论：模型不存在多重共线性问题，可以进行回归分析。

表 5 - 7　模型中自变量的 VIF 值

	Breath	Depth	Diversity
Breath(Depth、Diversity)	1.405	1.887	1.161
Breath(Depth、Diversity) * ER	4.437	2.481	1.946
Breath(Depth、Diversity) * AGE	3.270	1.204	1.098
ER	4.343	2.144	2.031
AGE	3.438	1.376	1.337
ID	1.211	1.213	1.189

	Breath	Depth	Diversity
CD	1.033	1.044	1.018
SOE	1.105	1.133	1.107
HTT	1.192	1.207	1.204
MET	1.223	1.283	1.234
AA	1.035	1.042	1.044

（五）分组回归

为进一步分析高管团队海外经历对跨国并购绩效作用的影响因素，我们依据并购企业所有权性质和并购目标是否上市进行分组回归分析。全样本的研究发现高管团队海外经历深度对跨国并购的短期市场反应的影响不显著，因此，在分组回归部分我们只考虑高管团队海外经历宽度对跨国并购的短期市场反应的影响。

1. 按照企业所有权性质分组的回归

在以中国上市公司跨国并购为研究对象的文献发现国有产权占据了较重的位置，31.4%的上市公司中政府拥有超过50%的投票权（Yuan，1999），2005年沪深两市的1381家上市公司发行的股票中，65.9%的股票置于政府或者政府组织的控制之下（Morck et al.，2008），国有控股显然已成为中国上市公司的一个重要特征。企业产权性质不同，高管团队海外经历在跨国并购中的作用是否存在差异性就成为值得关注的问题，本书按照并购方所有权的性质进行分组回归分析。

按照并购企业是否属于国有企业，将样本分为两组，运用前文的模型进行分组回归，表5-8报告了按照并购方所有权性质分组的回归结果。第一列代表并购方为国有企业，第二列代表并购方为民营企业。分组回归的结果显示，高管团队海外经历的宽度在民营企业跨国并购中发挥的作用与全样本的分析一致，高管团队海外经历的宽度显著地促进跨国并购绩效，拥有海外经历的高管的股权占比成为正面影响的主效应，而高管团队的平均年龄则成为负面影响主效应，即拥有海外经历的高管的股权占比越大，高管团队越趋向年轻化，高管团队海外经历在跨国并购绩效中的促进作用越大。

表 5–8　按照并购方所有权性质分组回归结果

	（1） SOE = 1	（2） SOE = 0
Breath	− 0. 022 （0. 185）	0. 160 ** （0. 074）
Breath * ER	2. 137 （1. 436）	0. 119 ** （0. 051）
Breath * AGE	0. 007 * （0. 004）	− 0. 005 *** （0. 002）
ER	127. 504 （122. 513）	− 0. 310 （0. 203）
YT	− 0. 012 （0. 009）	0. 008 ** （0. 003）
ID	− 0. 004 （0. 010）	− 0. 003 （0. 010）
CD	（0. 011） 0. 012	− 0. 007 （0. 007）
HTT	0. 122 （0. 073）	− 0. 010 （0. 019）
MET	0. 173 （0. 089）	− 0. 003 （0. 025）
AA	0. 061 *** （0. 018）	0. 047 *** （0. 014）
常数	0. 582 0. 393	− 0. 320 * （0. 173）
Adjusted R^2	0. 190	0. 243
样本数	34	114

注：* 表示 10% 水平上显著，** 表示 5% 水平上显著，*** 表示 1% 水平上显著。

而在国有企业中，高管团队海外经历宽度对跨国并购的短期市场反应出现了负面影响。出现上述结果差异性的原因在于，企业的国有产权能够给企业的跨国并购带来政治和经济上的帮助和支持，包括跨国并购后的退税、提供外汇交易的便利以及各种金融支持（包括较低的贷款利息、较大的贷款额度以及贷款的可获得性等）（Luo et al.，2010；Peng，Wang and Jiang，2008）。另外，Giannetti et al.（2014）认为具有海外经验的董事会成员与国外的人际资源可以促进国际融资，与民营企业相比较，国有企业在跨国并购中面对的财政约束更少（Lin & Bo，2012；Zhou et al.，2012），无须通过个体的社会资本获取国际融资。因此，国有企业丰富的资源渠道替代了海外经历高管团队提供海外经历及知识的作用，高管团队对海外经历高管知识吸收减弱，阻碍了拥有海外经历的高管在跨国并购中的知识转移，削弱了高管团队海外经历对企业跨国并购绩效的促进作用。国有企业相对于民营企业具有资源上的优势，而民营企业在利用高管海外经历带来的资源上动力更强。

研究还发现，在国有企业中，高管团队的平均年龄对主效应的调节作用是反向的，也就是说，在国有企业中，高管团队的年轻化反而会削弱高管团队对海外经历高管的知识整合。原因可能在于年龄背后往往是个人阅历和经验的体现，同时也是社会资本积累的过程。在中国传统文化下，公司高管甚至公司员工年龄更是其在公司中地位和所拥有资源的体现。在经历了长时间的积淀之后，年龄大的高管更可能拥有丰富的社会资源和更高的地位，高管年龄在一定程度上代表了高管的权威（McKnight et al.，2000）。在国有企业中，年轻化高管团队有吸收知识的意愿，但权力的缺失阻碍了海外知识的转移。而在民营企业中，论资排辈的现象相对于国有企业要弱，年轻化的高管团队能够有效促进知识的整合。

2. 按照目标企业是否上市分组的回归

目标企业是否上市也是影响跨国并购绩效的重要因素，已有的文献多是从委托代理的视角，认为在上市公司中管理者有更强道德风险行为的动机。Fuller et al.（2002）的研究表明当并购对象是上市公司时，由于上市公司在本国市场中无论是规模还是影响力都相对较大，管理者通过支付并购溢价让股东处于相对弱势的地位，从而掌握企业的控制权；Aybar and Ficici（2009）的研究认为新兴市场企业缺乏经验，管理者会通过支付更多的溢价降低上市目标公司股东的抵制，从而造成并购方的价值损失。相反的，Draper and Paudyal（2006）的研究则认为非上市公司的管理人员较少可以有效避免代理问题，从而增加在价格谈判中的力量，获得高价支付，对并购方的价值造成损失。而事实上，目标公司的上市还意味着并购方信息的透明化，减少了跨国并购中并购双方的信息不对称问题，公开的信息对拥有海外经历的高管的知识能够起到替代的作用，从而减弱了高管团队海外经历的知识提供的作用。因此，我们按照跨国并购的目标企业是不是上市公司进行分组，考察在不同的情境下，高管团队海外经历对跨国并购的短期市场反应的影响。

表5-9报告了按照并购目标企业是否上市进行分组回归的结果，并购目标企业在非上市的情况下，高管海外经历宽度对跨国并购的短期市场反应的正面促进作用是显著的（系数为0.255，P<0.1）。而在目标企业上市的情况下，该促进作用是不显著的，说明了并购目标信息的公开化替代了高管团队海外经历作用的发挥，进一步验证了高管团队海外经历通过知识提供促进跨国并购绩效。

表5-9 按照并购目标是否上市分组回归结果

	(1) TP = 1	(2) TP = 0
Breath	0.098 (0.100)	0.255* (0.108)
Breath*ER	0.203 (0.342)	0.081 (0.053)
Breath*AGE	-0.005** (0.002)	-0.009*** (0.003)
ER	-1.373 (1.171)	-0.013 (0.200)
YT	0.011** (0.004)	0.013*** (0.004)
ID	-0.010 (0.011)	0.011 (0.011)

	（1） TP = 1	（2） TP = 0
CD	−0.009 （0.008）	−0.003 （0.008）
SOE	−0.024 （0.019）	−0.018 （0.022）
HTT	0.010 （0.027）	−0.018 （0.021）
MET	−0.045 （0.028）	0.031 （0.026）
AA	0.063*** （0.018）	0.019*** （0.015）
常数	−0.373 （0.207）	−0.583 （0.184）
Adjusted R^2	0.267	0.403
样本数	69	79

注：* 表示 10% 水平上显著，** 表示 5% 水平上显著，*** 表示 1% 水平上显著。

（六）稳健性检验

本书研究的是企业高管团队海外经历对跨国并购绩效的影响，但由于并不是所有样本企业的高管团队都有海外经历，只利用有海外经历高管团队的企业样本来考察高管团队海外经历的不同维度对跨国并购绩效的影响会带来样本选择偏差（Sample Selection Bias）。为解决这一问题，我们使用 Heckman（1979）两阶段模型进行稳健性检验。Dhaliwal D. S. et al. （2012）、McGuire S. T. et al. （2012）、Hope O. K. et al. （2013）以及 Drake M. S. et al. （2014）就是采用了这种方法解决这一问题。第一阶段我们建立一个企业聘用拥有海外经历高管的 Probit 模型，计算出逆米尔斯比率（Inverse Mills Ratio）带入回归方程中，进行第二阶段的回归，以此控制潜在的样本选择偏差。现有研究认为企业的股权性质、企业规模、资本状况影响其是否雇用拥有海外经历的高管；拥有外资股权的企业、国有企业、资金状况较好以及规模较大的企业更倾向于雇用拥有海外经历的高管（Giannetti，Liao et al.，2015）。因此，我们采用了企业是否有外国股权、是不是国有企业、注册资本的对数以及企业的规模作为控制变量进行第一阶段的回归，将得出的逆米尔斯比率带入第二阶段的回归中，得到的结果如表5-10所示。

表5-10　Heckman第二阶段回归结果

Model	Breath				Depth			
	(1)	(2)	(3)	(4)	(5)	(6)	(7)	(8)
Breath (Depth)	0.155*** (0.058)	0.083 (0.060)	1.758** (0.695)	1.821*** (0.676)	0.001** (0.000)	0.000 (0.000)	0.008 (0.009)	0.011 (0.009)
Breath (Depth)* ER		1.243*** (0.096)		0.290*** (1.291)		0.009*** (0.002)		0.010*** (0.002)
Breath (Depth)* AGE			-0.033** (0.014)	-0.036** (0.014)			-0.000 (0.000)	-0.000 (0.000)
ER	0.026 (0.092)	-0.474** (0.144)	0.009 (0.879)	-0.511*** (0.141)	0.030 (0.099)	-0.324*** (0.125)	0.020 (0.098)	-0.353*** (0.125)
AGE	0.003* (0.002)	0.003 (0.002)	0.009*** (0.003)	0.008*** (0.003)	0.003 (0.002)	0.003 (0.002)	0.004* (0.002)	0.004* (0.002)
ID	-0.000 (0.000)	-0.000 (0.000)	-0.000 (0.000)	-0.000 (0.000)	-0.000 (0.000)	-0.000 (0.000)	-0.000 (0.000)	-0.000 (0.000)
CD	-0.006 (0.006)	-0.007 (0.005)	-0.006 (0.006)	-0.006 (0.006)	-0.007 (0.006)	-0.007 (0.005)	-0.008 (0.006)	-0.007 (0.005)
SOE	-0.023 (0.016)	-0.025 (0.015)	-0.022 (0.016)	-0.024 (0.016)	-0.021 (0.016)	-0.026* (0.015)	-0.021 (0.016)	-0.026* (0.015)

续表

	Breath				Depth			
Model	（1）	（2）	（3）	（4）	（5）	（6）	（7）	（8）
HTT	−0.012	−0.011	−0.013	−0.012	−0.013	−0.008	−0.015	−0.011
	(0.015)	(0.014)	(0.014)	(0.014)	(0.015)	(0.015)	(0.015)	(0.015)
MET	−0.016	−0.008	−0.017	−0.008	−0.011	−0.009	−0.012	−0.011
	(0.020)	(0.020)	(0.020)	(0.020)	(0.021)	(0.020)	(0.021)	(0.020)
AA	0.054***	0.051***	0.056***	0.053***	0.055***	0.049***	0.054***	0.049***
	(0.012)	(0.012)	(0.012)	(0.011)	(0.012)	(0.012)	(0.012)	(0.012)
常数	−0.176*	0.126	−0.384***	−0.419***	0.140	−0.110	−0.199	0.200*
	(0.093)	(0.090)	(0.141)	(0.140)	(0.096)	(0.091)	(0.122)	(0.116)
IMR R^2	0.080***	0.077	0.086	0.084***	0.076***	0.070***	0.078***	0.071***
	(0.025)	(0.024)	(0.025)	(0.024)	(0.025)	(0.024)	(0.025)	(0.024)

	Diversity			
Model	（1）	（2）	（3）	（4）
Diversity	0.025	−0.002	1.648**	1.378***
	(0.045)	(0.045)	(0.507)	(1.495)
Diversity* ER		1.913***		1.675***
		(0.480)		(0.451)
Diversity* AGE			−0.033**	−0.028***
			(0.010)	(0.010)
ER	0.134	−0.681**	0.115	−0.595***
	(0.088)	(0.216)	(0.082)	(0.203)
AGE	0.004*	0.003*	0.013***	0.012***
	(0.002)	(0.002)	(0.003)	(0.003)
ID	−0.000	−0.000	−0.000	−0.000
	(0.000)	(0.000)	(0.000)	(0.000)

Model	Diversity			
	(1)	(2)	(3)	(4)
CD	−0.006 (0.006)	−0.007 (0.005)	−0.007 (0.006)	−0.008 (0.005)
SOE	−0.026 (0.016)	−0.026* (0.016)	−0.023 (0.016)	−0.023 (0.016)
HTT	−0.011 (0.015)	−0.015 (0.015)	−0.013 (0.015)	−0.016 (0.014)
MET	−0.020 (0.020)	−0.018 (0.020)	−0.027 (0.020)	−0.024 (0.020)
AA	0.054*** (0.012)	0.055*** (0.012)	0.056*** (0.012)	0.057*** (0.012)
常数	−0.171* (0.095)	−0.135 (0.092)	−0.653*** (0.171)	−0.548*** (0.168)
IMR R^2	0.073*** (0.025)	0.075*** (0.024)	0.082*** (0.025)	0.082*** (0.024)

Heckman 第二阶段的回归结果显示，在控制了自选择问题之后，高管团队海外经历的宽度与跨国并购的短期市场反应的正向关系显著，拥有海外经历的高管股权激励和高管团队知识吸收能力均对主效应的正向调节作用显著。高管团队海外经历的深度与跨国并购的短期市场反应的关系不显著，高管团队知识吸收能力的调节效应也不显著。虽然高管团队海外经历多样性对跨国并购短期市场反应的关系不显著，但海外经历高管的股权激励和高管团队吸收能力的调节效益正向显著，这一结果与 OLS 回归的结果保持一致，支持了前文的研究结论。

除采用 Heckman 两阶段进行样本选择偏差的稳健性检验外，本书还采用替换关键变量的测量方法，重新进行了回归，表 5-11 汇报了通过对调节变量进行替换的方法得到稳健性检验的结果，海外经历高管知识转移的激励可以采用多种方式。除股权激励外，薪酬激励也是激励个体知识转移的重要方式。当采用海外经历高管薪酬占比替代股权占比，检验高管团队海外经历的作用机制，结果显示，随着海外经历高管在高管团队中薪酬比重的增加，高管团队海外经历对跨国并购绩效的促进作用更大，促进跨国并购绩效的增加（$\beta = 0.015$，$P < 0.10$）。另外，考虑到组织对知识组合能力的作用，高科技企业的优势通过技术垄断获取，只要不断地学习才能保持其差异化以及成本的优势，因此我们认为高新技术企业的知识吸收能力较强，用并购企业是不是高新技术企业替代并购企业高管团队的平均年龄，意在考察企业对知识吸收能力的调节效应。回归结果显示，相对于非高新企业，高新企业中高管团队海外经历对跨国并购的短期市场反应绩效的促进作用更强（$\beta = 0.016$，$P < 0.05$），进一步证明了高管团队对知识吸收能力在高管团队海外经历作用发挥的调节作用。

表 5 –11 短期市场反应的稳健性检验结果

	拥有海外经历的高管薪酬占比	是否为高新企业
Breath	0.223***	0.196***
Breath * incentive	0.015*	
Breath * capacity		0.016**
AA	0.051***	0.044***
Adjusted R^2	0.144	0.127
样本数	148	148

二、长期整合绩效的实证分析

（一）长期整合绩效分析

对跨国并购长期整合绩效的分析，我们首先关注并购后的 Tobin's Q 值相对于并购之前的变动，再通过分组比较的方法初步探讨不同样本跨国并购绩效的差别。

高管团队海外经历对中国企业跨国并购绩效的影响研究

1. 全样本长期绩效

首先，如图 5 - 1 所示，我们将并购前后三年的 Tobin's Q 均值进行了对比，并购前一年的 Tobin's Q 均值为 2.4434，并购当年的 Tobin's Q 均值为 2.1001，并购后第一年的 Tobin's Q 均值为 1.9412，并购后第二年的 Tobin's Q 均值为 2.0572，并购后第三年的 Tobin's Q 均值为 2.0547。从中可以看出跨国并购前后并购绩效存在波动性，并购后的 Tobin's Q 均值相对于并购前有所下降。而对于跨国并购的短期市场反应的研究发现，并购后的事件窗口中股票市场的反应是积极的，说明了样本的短期市场反应与长期整合绩效之间存在差异性。如图 5 - 2 所示，考察了并购样本在实施跨国并购前后总资产收益率和净资产收益率的变化，并购前一年样本企业总资产收益率和净资产收益率的均值分别是 0.0556 和 0.1091，并购当年的总资产收益率和净资产收益率下滑至 0.0465 和 0.0974，并购后一年的总资产收益率和净资产收益率均值继续下跌，并购后第三年的总资产收益率和净资产收益率的均值分别下跌至 0.0317 和 0.0659，验证了从长期来看，中国企业实施跨国并购后在盈利能力上的下滑态势。

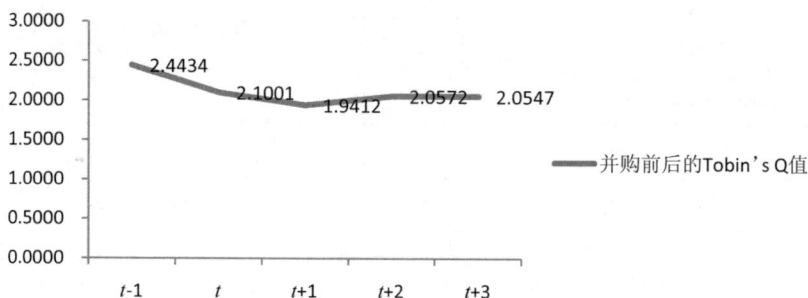

图 5 - 1　并购前后的 Tobin's Q 值变化图

其次，我们对样本企业不同年份之间的绩效进行进一步分析，如表 5 - 12 所示，单样本 T 检验的结果显示，并购当年与并购前一年的 Tobin's Q 值存在显著性差异（$P = 0.000$），且相对于前一年的均值减少 0.3433；并购后第一年的 Tobin's Q 值与并购当年比较也存在显著性差异（$P = 0.006$），并购后第一年 Tobin's Q 值相对于并购当年减少 0.1590；尽管并购后第二年相对于第一年，第三年相对于第二年 Tobin's Q 值不存在显著性差异（$P = 0.1161$；$P = 0.904$），但从数值上看从并购后第二年开始，Tobin's Q 值相对于并购后第一

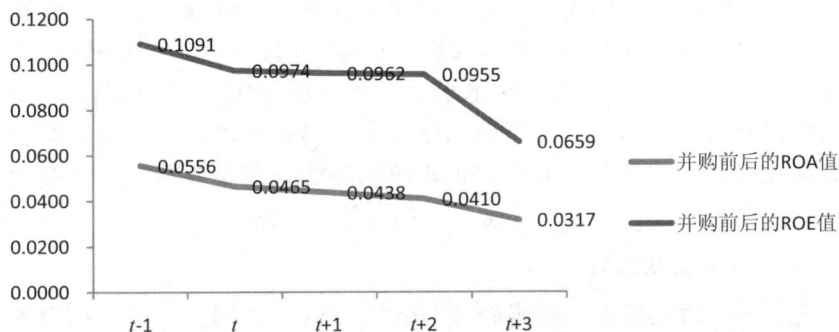

图 5 - 2　并购前后的总资产收益率和净资产收益率值

年增加了 0. 1161，虽然并购后第三年相对于第二年绩效有些回落，但回落的数值非常小，仅为 0. 00874，说明了并购后第三年并购的绩效已经趋于稳定。本书认为之所以出现这种现象是因为中国企业在跨国并购过程中往往付出了巨大的成本，因此，在并购后的一两年内市场价值会呈现下滑趋势，而在经历一定的时间后，随着整合程度的加强，市场价值出现增加直至平稳。

表 5 - 12　并购当年与并购前一年 Tobin's Q 值均值比较

	检验值 = 0					
	t	n	Sig.（双侧）	均值差值	差分的 95% 置信区间	
					下限	上限
并购当年与并购前一年 Tobin's Q 差	- 3. 830	132	0. 000	- 0. 343	- 0. 5205	- 0. 1660
并购后一年与当年 Tobin's Q 差	- 2. 798	132	0. 006	- 0. 1590	- 0. 2714	- 0. 0466
并购后第二年与第一年 Tobin's Q 差	1. 581	132	0. 1161	0. 1161	- 0. 0292	0. 2613
并购后第三年与第二年 Tobin's Q 差	- 0. 121	132	0. 904	- 0. 00874	- 0. 1512	0. 1337

结合对比跨国并购的短期市场反应研究结果，在并购发生时，并购公告日前两日至公告后两日的累计超常收益率 CAR（-2,2）均值为 0.0143，T 检验 P 值为 0.032，小于 0.05，在 5% 水平上显著区别于 0。对比发现，对于样本企业的跨国并购绩效而言，在短期的市场反应是积极的，而长期的整合市场反应则存在波动，与现有关于中国企业跨国并购长期整合绩效的研究结论保持一致（吴彬、黄韬，1997；冼国明、杨锐等，1998）。

2. 分类样本长期绩效

首先将并购后三年内的样本企业按并购方的高管团队每一年拥有海外背景高管人数的不同进行分类，初步探索高管团队海外经历对跨国并购长期整合绩效的影响。根据分组后两组的人数大致相同的原则，我们将并购方高管团队拥有海外经历的高管的占比小于 0.14 的分为一组，称之为拥有海外经历较少的高管团队；将拥有海外经历的高管的占比超过 0.14 的分为另一组，称之为拥有海外经历较多的高管团队，考察海外经历较少的高管团队与海外经历较多的高管团队滞后一年的 Tobin's Q 值是否会存在显著性差异，检验结果如表 5-13 和表 5-14 所示。

表 5-13　高管团队海外经历分类描述

高管团队海外经历分类		N	均值	标准差	均值的标准误
Tobin's Q	拥有海外经历较少的高管团队	148	1.8676	0.9455	0.0777
	拥有海外经历较多的高管团队	154	2.1194	1.1570	0.0932

表 5-14　高管团队海外经历分类结果

		方差方程的 Levene 检验		均值方程的 T 检验		
		F	Sig.	t	df	Sig.（双侧）
Tobin's Q	假设方差相等	7.553	0.006	-2.066	300	0.040
	假设方差不相等			-2.074	292.508	0.039

在拥有海外经历较多的高管团队的企业样本中，滞后一年的 Tobin's Q 值均值为 2.1194，显著高于海外经历较少的高管团队的企业样本的均值 1.8676

（$P=0.04<0.05$），这一结果表明，拥有海外经历较多的高管团队相对于拥有海外经历较少的高管团队能够带来更多的海外知识的转移，削弱跨国并购中文化距离、技术差距等因素的阻碍。

我们再根据样本企业高管团队海外经历时间进行分类，考察高管团队海外经历时间长短对跨国并购长期市场绩效的影响。依然根据分组后两组的人数大致相同的原则，我们将并购方高管团队海外经历平均时间大于 6 个月的分为一组，称之为海外经历时间较长的高管团队；将高管团队海外平均经历小于等于 6 个月的分为另一组，称之为海外经历时间较短的高管团队，考察海外经历时间较短的高管团队与海外经历时间较长的高管团队滞后一年的 Tobin's Q 值是否会存在显著性差异，检验结果如表 5-15 和表 5-16 所示。

表 5-15　高管团队海外经历时间分类描述

高管团队海外经历时间分类		N	均值	标准差	均值的标准误
Tobin's Q	拥有海外经历时间较短的高管团队	148	1.8590	0.8239	0.0677
	拥有海外经历时间较长的高管团队	154	2.1276	1.2413	0.1000

表 5-16　高管团队海外经历时间分类结果

		方差方程 Levene 检验		均值方程 T 检验		
		F	Sig.	t	df	Sig.（双侧）
Tobin's Q	假设方差相等	22.595	0.000	-2.206	300	0.028
	假设方差不相等			-2.223	267.023	0.027

在海外经历时间较长的高管团队的企业样本中，滞后一年的 Tobin's Q 值均值为 2.1276，显著高于拥有海外经历较少的高管团队的企业样本的均值 1.8590（$P=0.028<0.05$），这一结果表明，拥有海外经历时间较长的高管团队相对于拥有海外经历时间较短的高管团队无论是从习得的海外知识的数量还是习得的海外知识的深度上都要更有优势，其在跨国并购后的整合过程中能够发挥更大的作用，从而减少并购后的整合过程中出现的文化融合、技术整合等问题。

上述用反映上市公司市场绩效的 Tobin's Q 值分析了中国企业海外并购的效果,并按照高管团队海外经历的占比不同和高管团队海外经历时间不同进行了分类研究。研究的结论如下。

首先,中国上市企业希望通过跨国并购实现市场的扩张、技术的提升等战略目的。但通过对并购前后年度 Tobin's Q 值的分析发现,跨国并购并不必然带来实施跨国并购企业长期市场价值的增加,由于种种原因,并购后的市场价值相对于并购前有所减弱,这一结果与第四章中证实的样本企业跨国并购的短期市场反应有明显增强的结论并不一致,说明跨国并购能给企业带来即时市场价值的提升;但从长期来看,并购后市场价值的提升还取决于并购整合的效果,数据的分析结果显示我国上市企业跨国并购后的整合效果不尽如人意。

其次,中国企业的跨国并购存在障碍。高管团队是克服障碍的关键性要素,通过对高管团队海外经历的宽度进行分类分析,发现拥有海外经历较多的高管团队跨国并购的长期市场表现更好,这一结果验证了知识基础观的内在作用机制。高管团队海外经历越多,意味着有更多的海外先进的知识服务与跨国并购,从而带来并购企业跨国并购长期绩效的增加。

最后,通过对高管团队海外经历时间的长短进行分类分析,发现拥有海外经历时间较长的高管团队跨国并购的长期市场表现更好,这一结果进一步验证了知识基础观的作用机制,高管团队中海外经历高管在海外的时间越长,其能够获取更多、更深入的知识,嵌入海外网络中的程度越深,文化的融合程度也就越高。因此,在跨国并购中提供的海外先进知识的有效性就越强,从而促进并购企业跨国并购长期整合绩效的增加。

(二) 回归模型解释

本部分用多元线性回归,进一步考察高管团队海外经历的宽度和深度对海外并购长期绩效的影响以及具体的影响途径,并与对短期的市场反应的结果进行对比,使研究更加完整。基本模型设置如下:

$$\text{Tobin's Q} = \beta_0 + \beta_1 \text{Breath} + \sum_{i=2}^{n} \beta_i \text{Control} + \varepsilon \qquad (5-7)$$

$$\text{Tobin's Q} = \beta_0 + \beta_1 \text{Depth} + \sum_{i=2}^{n} \beta_i \text{Control} + \varepsilon \qquad (5-8)$$

$$\text{Tobin's Q} = \beta_0 + \beta_1 \text{Diversity} + \sum_{i=2}^{n} \beta_i \text{Control} + \varepsilon \qquad (5-9)$$

此处的 Breath、Depth 和 Diversity 是高管团队海外经历的不同维度，分别代表高管团队海外经历的宽度、深度和多样性；Tobin's Q 为被解释变量，用相对于自变量滞后一年的 Tobin's Q 值计算；β_0 为截距项，β_1 为高管团队海外经历不同维度的回归系数，代表高管团队海外经历的不同维度对跨国并购长期绩效的影响程度；Control 为方程的控制变量，包括上述除解释变量之外影响跨国并购长期绩效的其他因素；$\beta_i(i=2,\cdots,N)$ 为控制变量的回归系数，代表控制变量对并购绩效的影响程度；ε 为随机扰动项，代表其他未包含在模型内的影响跨国并购长期绩效的因素。

为进一步验证高管团队海外知识对跨国并购长期整合绩效产生影响的内在机制，可将高管团队知识组合能力和海外经历高管知识转移激励仍作为调节变量，使用高管团队中海外高管的股权占比（ER）、高管团队的平均年龄（AGE）进行测量，这两个变量与高管团队海外经历的宽度、深度形成交互项，形成如下模型：

$$
\begin{aligned}
\text{Tobin's Q} = {} & \beta_0 + \beta_1 \text{Breath}(\text{Depth/Diversity}) + \\
& \beta_2 \text{Breath}(\text{Depth/Diversity}) * \text{ER} + \\
& \sum_{i=3}^{n} \beta_i \text{Control} + \varepsilon \qquad (5-10)
\end{aligned}
$$

$$
\begin{aligned}
\text{Tobin's Q} = {} & \beta_0 + \beta_1 \text{Breath}(\text{Depth/Diversity}) + \\
& \beta_2 \text{Breath}(\text{Depth/Diversity})^* \text{AGE} + \\
& \sum_{i=3}^{n} \beta_i \text{Control} + \varepsilon \qquad (5-11)
\end{aligned}
$$

$$
\begin{aligned}
\text{Tobin's Q} = {} & \beta_0 + \beta_1 \text{Breath}(\text{Depth/Diversity}) + \\
& \beta_2 \text{Breath}(\text{Depth/Diversity})^* \text{ER} + \\
& \beta_3 \text{Breath}(\text{Depth/Diversity})^* \text{AGE} + \\
& \sum_{i=4}^{n} \beta_i \text{Control} + \varepsilon \qquad (5-12)
\end{aligned}
$$

引入海外经历高管股权占比、高管团队的平均年龄与高管团队海外经历的宽度和深度形成交互项，交叉项系数 β_2 代表在高管团队海外经历宽度、深度一定的情况下，拥有海外经历的高管股权占比、高管团队平均年龄对跨国并购长期绩效的影响。其中，海外经历高管的股权占比代表高管知识转移的激励，高管团队的平均年龄代表着对知识更强的组合能力，公式（5－10）和公式（5－11）中的系数 β_2 衡量了海外经历高管股权占比、高管团队平均年龄如何影响高管团队海外经历对跨国并购长期市场价值的预测能力。相关解释变量与上一节针对短期市场反应的研究中测量方法保持一致。

（三）回归结果分析

为避免出现样本选择偏差问题，在检验高管团队海外经历的宽度、深度和多样性影响企业跨国并购长期整合绩效时，采用了全样本回归，表5－17、表5－18和表5－19报告了上述模型的多元回归的结果。表5－17、表5－18和表5－19分别考察了高管团队海外经历的宽度、高管团队海外经历的深度以及多样性对跨国并购长期整合绩效的影响，模型0只包括了控制变量，结果表明了并购企业的资产规模与并购后的长期整合绩效存在显著的负相关（ $\beta = -0.203$ ， $P < 0.01$ ），并购企业的规模越大，战略执行的程序更为复杂，不利于并购企业在并购后的整合过程中快速形成协同效应。模型1至模型8的结果显示，无论高管团队海外经历的宽度还是高管团队海外经历的深度都会对跨国并购的长期整合绩效产生正向的促进作用，说明在跨国并购发生后的三年中，拥有海外经历的高管的知识能够在跨国并购后的整个过程中发挥正向促进作用，进而提升并购企业的市场价值，对于跨国并购的长期整合绩效，进一步验证了假设1。

表5－17　高管团队海外经历的宽度、跨国并购长期整合绩效及调节效应

Model	Baseline	Breath			
	(0)	(1)	(2)	(3)	(4)
Breath		1.401*** (0.399)	1.417*** (0.405)	14.349*** (5.235)	14.333*** (5.242)
Breath*ER			−1.403 (5.910)		−0.948 (5.874)
Breath*AGE				−0.270** (0.109)	−0.269** (0.109)

	Baseline	Breath			
Model	(0)	(1)	(2)	(3)	(4)
ER	1.750**	0.817	1.277	0.933	1.244
	(0.800)	(0.832)	(2.107)	(0.828)	(2.093)
AGE	-0.004	-0.0003	0.000	0.034	0.034
	(0.016)	(0.016)	(0.016)	(0.021)	(0.021)
ID	0.119**	0.095*	0.096*	0.016	0.106
	(0.050)	(0.050)	(0.050)	(0.052)	(0.050)
CD	0.017	0.044	0.044	0.047	0.047
	(0.036)	(0.036)	(0.036)	(0.036)	(0.036)
SOE	-0.086	-0.048	-0.048	-0.025	-0.025
	(0.110)	(0.099)	(0.099)	(0.099)	(0.099)
Tobin's Q($t-1$)	0.002	0.003	0.003	0.010	0.010
	(0.036)	(0.035)	(0.035)	(0.035)	(0.035)
ln$C$	-0.203***	-0.225***	-0.226***	-0.217***	-0.218***
	(0.022)	(0.022)	(0.022)	(0.023)	(0.023)
常数	6.798***	6.912***	6.895***	5.084***	5.077***
	(0.660)	(0.651)	(0.656)	(0.980)	(0.983)
Adjusted R^2	0.316	0.336	0.334	0.345	0.343
样本数	396	396	396	396	396

注：因变量为滞后一年的并购企业 Tobin's Q 值，* 表示 10% 水平上显著，** 表示 5% 水平上显著，*** 表示 1% 水平上显著。

表 5-18 高管团队海外经历的深度、跨国并购长期整合绩效及调节效应

	Depth			
Model	(5)	(6)	(7)	(8)
Depth	0.008***	0.007**	0.136**	0.023***
	(0.003)	(0.003)	(0.038)	(0.038)

Model	Depth			
	（5）	（6）	（7）	（8）
Depth * ER		0.389 ***		0.346 ***
		（0.128）		（0.127）
Depth * AGE			−0.002 ***	−0.002 ***
			（0.001）	（0.001）
ER	1.560 *	−4.800 **	1.4898 *	−4.154
	（0.797）	（2.235）	（0.787）	（2.221）
AGE	−0.007	−0.009	0.020	0.015
	（0.016）	（0.016）	（0.018）	（0.017）
ID	0.099 **	0.088 **	0.118 **	0.106 **
	（0.050）	（0.050）	（0.050）	（0.050）
CD	0.032	0.041	0.023	0.032
	（0.036）	（0.035）	（0.035）	（0.035）
SOE	−0.047	−0.042	−0.024	−0.021
	（0.100）	（0.099）	（0.099）	（0.098）
Tobin's Q($t-1$)	0.008	−0.003	−0.007	−0.016
	（0.035）	（0.035）	（0.035）	（0.036）
ln$C$	−0.206 ***	−0.206 ***	−0.206 ***	−0.206 ***
	（0.021）	（0.021）	（0.021）	（0.021）
常数	6.874 ***	7.031 ***	5.588 ***	5.844 ***
	（0.655）	（0.650）	（0.752）	（0.752）
Adjusted R^2	0.327	0.341	0.344	0.355
样本数	396	396	396	396

注：因变量为滞后一年的并购企业 Tobin's Q 值，* 表示 10% 水平上显著，** 表示 5% 水平上显著，*** 表示 1% 水平上显著。

表 5 - 19 高管团队海外经历的多样性、跨国并购长期整合绩效及调节效应

	Diversity			
Model	(9)	(10)	(11)	(12)
Diversity	0.642*	0.587**	6.022	5.919
	(0.337)	(0.338)	(3.693)	(3.673)
Diversity*ER		11.991		11.892
		(7.798)		(7.762)
Diversity*AGE			-0.112	-0.011
			(0.077)	(0.076)
ER	1.599*	-2.51	1.633*	-2.449
	(0.829)	(2.801)	(0.826)	(2.788)
AGE	0.003	-0.001	0.025	0.021
	(0.017)	(0.017)	(0.023)	(0.023)
ID	0.003	0.003	0.003	0.003
	(0.002)	(0.002)	(0.002)	(0.002)
CD	-0.031	-0.032	-0.025	-0.026
	(0.040)	(0.040)	(0.040)	(0.040)
SOE	-0.050	-0.043	-0.037	-0.031
	(0.111)	(0.110)	(0.110)	(0.110)
Tobin's Q$(t-1)$	0.616***	0.610***	0.613***	-0.607***
	(0.055)	(0.065)	(0.064)	(0.064)
ln$C$	-0.071**	-0.068**	-0.066***	-0.063**
	(0.028)	(0.027)	(0.028)	(0.028)
常数	1.994***	2.183***	0.799	0.997
	(0.811)	(0.816)	(0.149)	(0.150)
Adjusted R^2	0.575	0.580	0.579	0.584
样本数	396	396	396	396

注：因变量为滞后一年的并购企业 Tobin's Q 值，* 表示10%水平上显著，** 表示5%水平上显著，*** 表示1%水平上显著。

高管团队海外经历对中国企业跨国并购绩效的影响研究

模型 2 和模型 6 引入海外经历高管股权占比（ER）与高管团队海外经历宽度和深度的交叉项（Breath*ER，Depth*ER），模型 3 和模型 7 引入高管团队的平均年龄（AGE）与高管团队海外经历宽度和深度的交叉项（Breath*AGE，Depth*AGE），分别验证海外经历高管股权占比和高管团队平均年龄对主效应的调节作用。模型 3 和模型 4 的回归结果表明，高管团队的平均年龄显著调节高管团队海外经历宽度与跨国并购长期整合绩效之间的关系，且调节作用系数为负，在 5% 水平上显著（$\beta = -0.269$（-0.270），$P < 0.05$），模型 7 和模型 8 的结果验证了高管团队的平均年龄显著调节高管团队海外经历深度与跨国并购长期整合绩效之间的关系，调节作用系数为负，在 1% 水平上显著（$\beta = -0.002$，$P < 0.01$）。研究结论说明了年轻的高管团队对海外经历高管的知识接受度更高，从而促进海外经历高管的知识向高管团队的转移，服务于跨国并购后的整合过程，最终提升跨国并购的长期整合绩效，进一步验证了假设 5。模型 6 和模型 8 的研究结果表明，海外经历高管的股权占比显著调节高管团队海外经历深度与跨国并购长期绩效之间的关系，调节作用的系数为正，在 1% 水平上显著（$\beta = 0.389$（0.346），$P < 0.01$），说明了海外经历高管的股权占比越大，其转移知识的激励越强，从而使高管团队的海外经历能够更多且更好地服务于跨国并购后的整合，进一步验证了假设 4。

模型 2 和模型 4 的回归结果显示，在高管团队海外经历宽度促进企业跨国并购绩效的主效应下，海外经历高管的股权占比的调节效应不显著，甚至出现反向，与我们的假设不一致。另外，与模型 0 相比，模型 1 调整后的 R^2 从 0.316 增长到了 0.336，模型 5 调整后的 R^2 增长到了 0.327，说明高管团队的海外经历的宽度和深度是解释企业跨国并购长期整合绩效的因素之一，进一步验证了假设 1。

在上述的分析结果中，高管团队海外经历的宽度对并购企业长期整合绩效的影响与短期市场反应绩效的回归中的影响结果相同。回归的结果都显示了在并购企业的高管团队中，海外经历高管的占比越大，不仅能够带来并购时市场的积极反应，而且在跨国并购后的整合过程中起到积极的作用。但高管团队的海外经历深度对并购企业长期整合绩效的影响与短期市场反应的回归结果存在差异性，高管团队的海外经历深度对并购的短期市场反应的作用系数为正，但不显著，而对并购后长期整合绩效的作用显著，系数也为正。上述研究结果说明了高管团队海外经历的较大宽度和深度不仅能够提升企业跨国并购战略决策的有效性，而且能够促进企业跨国并购后的整合效果。而高管团队海外经历时间的长短对跨国并购战略即时的市场反应作用不显著，但在并购后的长期整合过程中对绩效的促进作用显著，原因可能在于，对于公众而言，高管海外经历深度的信息相对于宽度信息，获取的难度更大，所需的时间更久，因此公众在并购发生时对市场的预测，无法将高管海外经历的深度作为依据。而高管团队海外经历的多样性能够促进跨国并购长期整合，但随着海外经历高管股权激励的增加、高管团队年轻化程度增加，海外经历多样性带来的冲突性增强，主效应反而不显著。

其余控制变量方面，总资产对数的系数负向显著，意味着企业的总资产越低，企业并购的长期整合绩效越高，这说明了小企业在并购过程中更加灵活，并购后的整合效果更好。

（四）分组回归

为进一步深入分析高管团队海外经历对跨国并购长期整合绩效的影响，再次将样本进行分组后做回归分析，探讨不同类型的并购企业跨国并购中高管团队海外经历的作用。

1. 按照并购方的所有权性质进行分组，研究高管团队海外经历及其他因素对跨国并购长期整合绩效的影响。表 5-20 报告了按照并购方所有权性质分组的回归结果，第一列和第三列代表并购方为国有企业，第二列和第四列代表并购方为民营企业。分组回归的结果显示，在民营企业中，相对于空模型，增加了自变量和调节变量后，模型拟合度有显著增加，高管团队海外经历的宽度和深度对跨国并购长期整合绩效的作用与全样本的分析一致；而在国有企业中，高管团队海外经历的宽度和深度对跨国并购长期整合绩效的影响均不显著，相对于空模型，增加了自变量和调节变量后的模型拟合度没有提高，这一结果说明了国有企业内部知识的整合存在障碍。另外，在民营企业中，海外经历高管的激励、高管团队对知识的吸收能力不仅显著调节高管团队海外经历宽度作用的发挥，还显著调节高管团队海外经历深度对跨国并购绩效的促进，与全样本的分析结果完全一致；但在国有企业中，上述调节效应均不显著。研究还发现，国有企业对海外经历高管的股权激励相对于民营企业较弱，国有企业样本中，仅有四家企业给予了拥有海外经历的高管极其少量的股权激励，因此，拥有海外经历的高管知识转移的动力较弱。

表 5 – 20 按照并购方所有权性质分组回归结果

	（1）SOE = 1	（2）SOE = 0		（3）SOE = 1	（4）SOE = 0
Breath	2.837 (3.417)	1.023* (0.617)	Depth	0.096 (0.140)	0.008** (0.004)
Breath*ER		5.698 (6.477)	Depth*ER		0.305** (0.136)
Breath*AGE	0.243 (0.262)	– 0.446*** (0.161)	Depth*AGE	– 0.003 (0.002)	– 0.002** (0.001)
ER		0.657 (1.277)	ER		0.411 (0.933)
AGE	– 0.015 (0.023)	0.027 (0.022)	AGE	– 0.010 (0.025)	0.008 (0.022)
ID	– 0.054 (0.065)	– 0.001 (0.078)	ID	– 0.065 (0.055)	– 0.018 (0.078)
CD	– 0.005 (0.059)	0.034 (0.060)	CD	0.015 (0.056)	0.018 (0.061)
Tobin's Q ($t-1$)	0.083** (0.036)	0.105** (0.049)	Tobin's Q ($t-1$)	0.085** (0.035)	0.103** (0.048)
ln$C$	– 0.056** (0.022)	– 0.303*** (0.033)	ln$C$	– 0.049** (0.023)	– 0.277*** (0.033)
常数	3.507*** (1.122)	6.892*** (0.853)	常数	7.022** (5.621)	6.746*** (0.988)
Adjusted R^2	0.384	0.430	Adjusted R^2	0.406	0.440
样本数	135	261	样本数	135	261

注：* 表示 10% 水平上显著，** 表示 5% 水平上显著，*** 表示 1% 水平上显著。

2. 按照目标企业是不是上市公司进行分组回归，表 5 – 21 报告了分组回归的结果，与短期绩效分组回归结果不同的是，如果目标企业是上市公司，并购企业高管团队海外经历显著促进跨国并购长期整合绩效，高管团队越年轻，其海外经历对跨国并购长期整合绩效的促进作用越大，这一结果与全样本保持一致；如果目标企业是非上市公司，并购企业高管海外经历对跨国并购绩效的促进作用则不显著，这一结果说明，与高管团队海外经历对跨国并购的短期市场反应的影响不同，实施跨国并购后的整合是一个复杂的过程，需要获取目标企业深层次的信息，需要高管的实际介入，而目标企业上市所带来的公开信息已经不能取代高管团队知识的作用，所以在针对目标企业是上市公司的跨国并购中，高管团队海外经历作用的发挥机制与全样本保持一致。

表 5 – 21　按照目标企业是不是上市公司分组回归结果

	(1) TP = 1	(2) TP = 0		(3) TP = 1	(4) TP = 0
Breath	2. 413 *** (0. 632)	0. 586 (0. 739)	Depth	0. 012 ** (0. 005)	0. 008 (0. 006)
Breath * ER	− 2. 706 (7. 048)	41. 364 (55. 710)	Depth * ER	0. 373 ** (0. 147)	0. 825 (0. 651)
Breath * AGE	− 0. 541 *** (0. 171)	− 0. 304 * (0. 203)	Depth * AGE	− 0. 004 ** (0. 003)	− 0. 003 *** (0. 001)
ER	1. 096 (1. 663)	1. 279 (1. 865)	ER	1. 797 (1. 240)	3. 993 * (2. 763)
AGE	− 0. 019 (0. 022)	0. 007 (0. 027)	AGE	− 0. 054 * (0. 028)	0. 019 (0. 027)
ID	0. 001 (0. 068)	0. 014 (0. 095)	ID	− 0. 008 (0. 072)	0. 019 (0. 091)
CD	− 0. 009 (0. 047)	0. 061 (0. 077)	CD	− 0. 030 (0. 057)	0. 045 (0. 079)

	（1）TP = 1	（2）TP = 0		（3）TP = 1	（4）TP = 0
SOE	0.012 (0.124)	−0.055 (0.206)	SOE	0.108 (0.136)	0.096 (0.209)
Tobin's Q ($t-1$)	0.191*** (0.047)	0.041 (0.059)	Tobin's Q ($t-1$)	0.240*** (0.045)	0.046 (0.062)
ln$C$	−0.173*** (0.032)	−0.256*** (0.039)	ln$C$	−0.145*** (0.031)	−0.253*** (0.038)
常数	5.745*** (0.841)	7.001*** (1.112)	常数	6.965*** (1.080)	6.410*** (1.110)
Adjusted R^2	0.581	0.326	Adjusted R^2	0.561	0.375
样本数	171	225	样本数	171	225

（五）稳健性检验

为了确保回归结果的稳健性，我们选择替换关键变量的测量方法，重新进行了回归，根据前文的分析结果，拥有海外经历的高管的权力正向调节主效应，通过激励机制促进海外知识的转移；高管团队的平均年龄负向调节主效应，即高管团队的知识吸收能力越强，高管团队海外经历对跨国并购长期整合绩效的促进作用越大。鉴于上述的结果，我们选用拥有海外经历的高管薪酬占比代表海外高管的激励，用并购企业是不是高新企业替代高管团队的平均年龄衡量企业的知识吸收能力，分别进行回归，表5−22中的第二列和第三列显示了回归结果：主要变量 Depth*Compation、Depth*HT 的系数方向和显著性与原回归的结果保持一致，表明原回归的结果是稳健的。

表 5 - 22　长期整合绩效的稳健性检验结果

Model	Depth	
	海外经历高管 薪酬占比	是否高新企业
Depth	0. 167 *** (0. 003)	0. 010 *** (0. 003)
Depth * incentive	0. 011 * (0. 007)	0. 380 *** (0. 122)
Depth * capacity	- 0. 003 *** (0. 001)	0. 007 (0. 006)
Tobin's Q (t - 1)	0. 006 (0. 036)	0. 117 (0. 037)
lnC	- 0. 210 *** (0. 023)	- 0. 211 *** (0. 021)
常数	6. 740 *** (0. 689)	6. 359 *** (0. 562)
Adjusted R^2	0. 340	0. 356
样本数	396	396

在此基础上，本书还将代表市场反应的长期绩效替换为代表企业盈利能力的总资产收益率 ROA 和净资产收益率 ROE 进行回归分析，得到的结果也充分验证了主模型。

三、研究结果

关于研究高管团队海外经历对跨国并购绩效影响的内部机制，可通过对我国 2004—2016 年上市公司跨国并购的样本分析结果加以证实。首先，在主效应上，高管团队海外经历的宽度能够同时促进跨国并购的短期市场反应和长期整合绩效，这与我们的理论假设一致，高管团队海外经历的深度促进跨国并购的长期整合绩效，对短期市场反应的促进作用不显著，没有验证我们的假设。其次，在调节效应的验证上，海外经历高管的激励能够促进知识的转移，增强高管团队海外经历对跨国并购的短期市场反应的促进作用，起到正向的调节作用，与我们的理论假设一致。同时增强了高管团队海外经历深度对并购企业长期整合绩效的促进作用，反而减弱了高管团队海外经历宽度对跨国并购长期整合绩效的促进作用，与我们的假设不一致。最后，高管团队平均年龄越低，其知识吸收能力越强，研究结论显示其能够促进高管团队在跨国并购中更好地利用海外经历高管的知识，负向调节主效应，与我们的理论假设一致。

表 5 – 23   结果汇总表

假设	假设内容	结果
H1	中国企业高管团队海外经历的宽度越大，其跨国并购绩效越好	支持
H2	中国企业高管团队海外经历的深度越大，其跨国并购绩效越好	支持
H3	中国企业高管团队海外经历来源国多样性越大，其跨国并购绩效越好	支持
H4	对拥有海外经历高管的激励越大，高管团队海外经历宽度对跨国并购绩效的促进作用越大	支持
H5	对拥有海外经历高管的激励越大，高管团队海外经历深度对跨国并购绩效的促进作用越大	部分支持
H6	对拥有海外经历高管的激励越大，高管团队海外经历来源国多样性对跨国并购绩效的促进作用越大	部分支持
H7	高管团队知识吸收能力越强，其海外经历宽度对企业跨国并购绩效的促进作用越大	支持
H8	高管团队知识吸收能力越强，其海外经历深度对企业跨国并购绩效的促进作用越大	支持
H9	高管团队知识吸收能力越强，其海外经历来源国多样性对企业跨国并购绩效的促进作用越大	部分支持

第六章
案例分析

在前述分析中，受制于公司内部数据获取的困难，我们选择了上市公司的跨国并购作为样本，考察海外经历高管团队海外经历对跨国并购绩效的影响，包括了短期的市场反应和长期的整合绩效，意在考察高管团队海外经历对跨国并购全过程的影响，但这种考察是间接的。

案例研究方法是社会科学研究领域的一种重要定性研究方法，该方法来源于实践，不仅能更全面、真实地反映客观事实，还能解析现象产生的原因，是对一个个人、一件事件、一个社会集团或一个社区进行的深入而全面的研究（风笑天，2005），并能够直接展示事件的完整性的研究方法。因此，本章以浙江万向集团的跨国并购案例考察高管团队海外经历在中国企业跨国并购全过程中的具体作用。

在中国企业跨国并购的众多案例中，浙江万向集团的跨国并购独特性显著，尤其是海外经历高管在企业实施跨国并购核心能力的提升上。从1997年到2007年，万向美国公司在美国、欧洲完成了6起收购（见表6-1）。

表 6-1 1997—2007 年浙江万向集团跨国并购案例

并购时间	并购对象	并购业务	收购股权
2000 年 4 月	美国舍勒公司	专用设备、品牌、技术专利及全球市场网络	
2000 年 10 月	美国 LT 公司	汽车轮毂的制造与营销业务	35%（第一大股东）
2001 年 8 月	美国上市的 UAI 公司	汽车制动器的制造与营销业务	21%（第一大股东）
2003 年 9 月	美国洛克福特公司	汽车传动零部件的制造与营销业务	33.5%（第一大股东）

并购时间	并购对象	并购业务	收购股权
2005 年 6 月	美国 PS 公司	汽车连接零部件的制造与营销业务	60% （第一大股东）
2007 年 7 月	美国 AI 公司	模块装配及物流管理业务	30% （第一大股东）

一系列跨国并购的成功实施，其重要的基本条件就在于万向集团美国公司总经理倪频的重要作用。倪频 1989 年在浙江大学获工商管理硕士学位，分配至浙江省社科院，在万向进行基层锻炼时受到万向集团创始人鲁冠球的赏识。1990 年，倪频考上博士，赴美国求学，鲁冠球知道后将他招入公司。1992 年，倪频前往肯塔基大学攻读博士学位，受鲁冠球的委托在美国筹建一家全资海外公司，作为万向"走出去"的落脚点以及向美欧市场进发的跳板。1994 年，万向美国公司获批正式成立。

一、国际化人才为跨国并购提供充分战略准备

（一）海外社会信任的建立

倪频的"美国化"是从其在美国读博士学位开始的，他常年生活在国外，在美国主流社区中生活和工作，美国高等学府的求学经历使得倪频具有高远的战略眼光。首先，在一开始就带领美国万向公司确定了"向美国主流社会"开拓的导向：在公司声誉建立方面，在芝加哥最有名的银行开户，聘请全城最著名的律师做公司法律顾问，在美国主要新闻媒体上刊登广告；在公司治理方面，万向集团请来美国当地的银行、会计师事务所、律师事务所，规范、监督和保障公司在符合美国当地法规发挥制度的情况下梳理运营，以增强万向美国公司的本土化程度，从而更好地融入美国体系；在人员聘用方面，万向的绝大部分员工是在当地招聘来的，1999 年，万向美国公司的 56 名员工中有 50 名是外国人，并按照美国当地的标准和国际惯例来管理员工，待遇沿用美国当地的薪酬水平，给予员工充分的信任；在资本运作方面，万向美国公司主要与美国当地的银行和金融机构合作，如美国花旗银行将其作为长期合作伙伴，多次提高对万向美国公司的信用额度，美林公司也主动提出与万向

美国公司合作。1998 年，万向美国公司还通过了由美国三大汽车公司供应质量要求小组编制的、代表美国同行最高管理体系标准的 QS 9000 标准。这一系列的操作使得万向集团在美国主流市场建立了良好的社会声誉。1999 年，万向美国公司成为美国中美总商会主席委员会成员，倪频则被中美总商会授予"杰出贡献奖"。倪频还当选为美国中西部地区中资企业联谊会会长，美国前总统克林顿、前副总统戈尔等政要先后接见并宴请过他。而在受邀出任万向集团的高级经济顾问中，便有美国前任总统布什的伯父，即老布什的兄长。为表彰倪频和万向美国公司在美国业务发展取得的卓越成就，以及对中美经贸往来、对伊利诺伊州经济的贡献，2002 年 8 月 12 日，美国伊利诺伊州政府将每年的 8 月 12 日命名为"万向日"——这也是美国唯一一个以中国企业名称命名的政府日。良好的社会声誉和社会影响力是取得美国社会信任的基石，这种信任是跨国并购成功的重要基础。正是由于这种信任的作用，万向在跨国并购实施的过程中，避免了许多疑虑，与目标方交流没有任何隔阂，在交易的整合中也可以避免因文化差异而造成的误解和矛盾。

（二） 与目标企业的紧密联系

对于中国企业而言，对目标企业的熟悉程度是为解决企业跨国并购中信息不对称问题的关键，以倪频为首的万向美国公司就很好地解决了这一问题。考察万向在美国的一系列并购，对于目标企业的追踪都有多年的历史，甚至还有多年的业务往来，了解对方的真实情况。如万向在实施并购前，与 LT 公司、洛克福特公司已有多年的合作，舍勒公司更是最早把万向产品带入美国的公司，在并购实施前与万向有十多年的业务关系。万向美国公司对目标方的充分了解，起到了降低投资风险的作用。

（三） 深入的尽职调查

万向利用美国公司熟悉本土市场和企业的优势，每年都会考察大量的投资机会，在做出投资决策之前，一定会借助本土市场专业人士的帮助，进行深入的尽职调查，可以说，倪频的本土关系的建立和社会影响力是实现尽职调查能够顺利进行的重要条件。

二、国际化人才为跨国并购提供核心能力

（一） 有效利用当地市场规则

万向在美国进行跨国并购成功的另一个重要因素在于对于美国当地市场

规则的熟悉，且进行有效利用。万向在对 UAI 公司的并购中，使用了可转优先股和购股权证作为投资工具，其手段可以媲美得克萨斯太平洋集团这样的美国职业投资集团人员。可转优先股因为股息和清算上的优先权，比普通股的风险低。另外，通过转股的权利，又可以与普通股一样分享公司未来可能的增值，对许多投资人具有吸引力，可以成为有效的融资工具，美国著名投资人巴菲特的很多投资就采用这种方法。购股权证与可转优先股一起出售给 PE 投资人，其行权价高于股价，投资人在行权时必须支付行权价才能获得相应的股票，其目的是让投资人在延后资金投入的条件下，有机会更多地参与公司价值的提升。万向美国高管团队的"美国化"使其非常熟悉美国市场的投资规则，巧用投资工具，达到事半功倍的效果。

（二）理性选择，避免盲目

对本土市场和企业的了解使得万向在跨国并购实施过程中能够有明确的价格底线。与其他实施跨国并购企业不同的是，万向集团认为在跨国并购绩效的横向上，利润要大于规模。因此，在谈判过程中，万向总是能够保持足够的耐心，等待机会的来临，不会盲目追逐项目。如果不能与对方达成一致，万向会选择等待或者放弃，一旦时机来到，万向又能快速决策，如对舍勒公司和 UAI 公司的并购都是经过了漫长的沟通与谈判才得以完成。可以说，高管团队对目标企业的了解是理性判断形成的基石。

三、国际化人才促进跨国并购后的整合

对于中国企业而言，有效整合对于跨国并购成功具有决定性影响。美国著名管理大师彼得·德鲁克认为并购整合主要包括六个方面：经营整合、文化整合、战略整合、组织结构、人事整合及管理与制度整合。企业整合能力是实现上述整合的重要条件，并购后市场整合和生产运作整合的程度越高，并购期望达到的绩效越容易实现（李善民、刘永新，2010）。万向集团美国团队从人力资源本土化、合作伙伴本土化、激励机制本土化以及双总部模式的选择这几个方面实现了跨国并购后的有效整合，避免了并购后整合过程中出现的误解和矛盾。

（一）人力资源本土化

中国企业实施跨国并购后人力资源的构成是一个极其敏感的问题。首先，

如果安置不好原企业中的管理人员和员工，就很有可能会遭到工会的抵制和阻挠。万向在人力资源的构建上，一是借用专业人力资源，由倪频亲自主持，聘请当地的会计师、律师等专业人才提供智力服务。二是大量雇用当地人，在并购后，继续聘用原有的管理人员和员工，外国员工的比例超过90%，真正实现了本土化。万向在一次收购美国公司的过程中遭到了工会的竭力阻挠，但随后他们看到万向的并购重组并不像其他公司那样只是买进卖出地赚钱，而是为了让被并购的企业重振生机，为员工创造就业机会，工会就此大开绿灯，赞成票高达80%乃至100%。[1]

（二）合作伙伴本土化

实施跨国并购后的整合是一个极其复杂的过程，东道国专业机构的介入能起到事半功倍的效果。倪频高度重视与美国本土专业机构的合作，万向美国公司的主要合作伙伴有花旗银行、美林公司等金融机构，以及当地最有名的律师事务所和会计师事务所，所以在并购后的整合过程中，无论是资金的提供或者授信方式，抑或是纠纷的处理、财务的困扰，都能够得到最专业的帮助。

（三）投资者的激励机制本土化

万向跨国并购成功的另一个动因在于采用了美国本土的投资者激励机制。"万向制造基金"在2003年成立，吸引了美国本土的一批政要、商界的知名人士成为投资者。在其后的跨国并购中，"万向制造基金"成为并购主体，有效避免了因为投资主体是中国企业带来的不必要的偏见，更加符合国际投资的游戏规则。另外，"经营者基金"于2001年成立，在万向美国公司的存量资产归母公司所有的前提下，该公司每年利润增长超过26.58%的部分划入"经营者"基金，归经营者所有，同时规定，经营者所有的基金可以通过入股的方式，逐步转化为总额不超过40%的公司股权。这种制度的引入，突破了中国家族企业传统的传承模式，能够实现企业的多元化，有助于实现并购后的有效融合。

---

[1]　周荣新．走出去的文化力量［N］．浙江日报，2011－08－26.

（四）双总部模式的选择

被万向并购的美国企业的衰弱，说明了只有本土化的整合还远远不够，新市场的开拓创新才是企业发展的根本之道，因此，从全球布局上来看，借鉴英荷壳牌石油公司和联合利华等公司的经验，万向集团探索的"双总部"组织构建对于融合后的发展具有重要的意义，中国市场具有强大的活力，适合市场的开拓与创新，两者的结合才能满足全球客户价值创造的需求。

第七章
结论与展望

一、结果讨论

（一）主效应结果分析

本书主要探究我国企业高管团队的海外经历对跨国并购绩效的作用机制。自我国的市场转型以来，作为"后发"国家，我国企业普遍缺乏先进技术和管理水平，且缺少一定的国际经验，难以很快适应竞争激烈的国际市场，而拥有海外经历的高管为企业提供了应对复杂国际环境经验的人才，使得并购企业对目标企业的了解不仅仅停留在产品、技术、渠道甚至品牌等显性资源上，还能够深入理解企业传统、组织文化、政策法规等隐性资源。为此，通过对中国企业跨国并购绩效影响因素的文献和高管海外经历作用的文献进行系统梳理，深入探究了高管团队海外经历的不同维度对跨国并购绩效的影响机制和影响结果。

研究发现，样本企业跨国并购的短期市场反应是积极的，而长期的市场反应则存在波动性，这与已有文献的研究结论一致（顾露露等，2011；林季红等，2013）。不论是高管团队海外经历的宽度还是深度都能够促进跨国并购绩效，基于高阶理论研究高管团队海外经历作用的文献解释了这一现象，该理论认为高管海外经历主要通过资源提供、职能履行和团队有效运行等机制促进企业绩效，本书的研究与现有研究成果相互印证。

高管团队海外经历的不同维度会对跨国并购绩效产生不同的影响，高管团队海外经历的宽度能够显著地促进跨国并购的短期市场反应和长期整合绩效；其深度能够显著地促进跨国并购的长期整合绩效，对跨国并购的短期绩效的促进作用则不显著；其多样性也能够显著促进跨国并购的短期市场反应和长期整合绩效，但这种促进作用受到相关因素的制约。这种高管团队海外经历的不同维度对绩效的不同作用与已有的文献研究结论一致（Godart et al.，2015），原因在于跨国并购的短期市场反应由市场的投资决策决定，对战略决策者的信心是影响其市场投资决策的重要因素，而高管团队海外经历的宽度是市场易于获取的信息，当拥有海外经历的高管在高管团队中占据比重较大时，"市场"对其战略决策的信心增强，从而促进跨国并购的短期市场反应；而深度信息的获取难度较大，投资者无法在短期内获取这一信息，无法通过这一信息增强对企业战略决策的信心，因此深度对跨国并购的短期绩效促进作用不显著。另外，对于跨国并购的长期整合绩效而言，市场的投资者对战略决策者的信心不仅仅停留在表面的海外经历的宽度上，更多地依赖于对高管团队更深层次信息的获取上，此时高管团队海外经历的宽度、深度通过知识提供促进跨国并购战略决策以及并购后整合的有效性，从而增强市场的投资信心，因此，高管团队海外经历的宽度和深度对跨国并购长期绩效的促进作用都是显著的。

（二）调节效应分析

现有的研究从高阶理论出发探究高管海外经历对企业的作用机制，大部分研究建立在个体知识即组织知识的假设上，忽略了个体知识整合到组织层面的条件。基于知识基础观，从知识整合的视角出发，认为个体知识整合到团队层面受到知识贡献者的激励和高管团队对知识的组合能力的影响。拥有海外经历的高管股权比重越大，其预期收益与跨国并购绩效的关联性越大，其贡献知识服务与跨国并购的动力越强。高管团队越年轻与拥有海外经历的高管有共同的知识基础，追求创新，吸收能力强，其知识的贡献和高管团队的组合才能促进个体知识整合到团队层面形成服务于企业特征的战略。因此，在跨国并购的情境下，高管团队的平均年龄、拥有海外经历的高管的股权激励均影响高管团队海外经历在跨国并购中的作用发挥。研究发现，高管团队平均年龄在高管团队海外经历对跨国并购长短期绩效的促进作用中的负向调节效应显著，即在高管团队海外经历不变的情况下，拥有年轻高管团队的企业跨国并购绩效更好，这与我们的理论假设一致。但在高管团队海外经历多样性促进跨国并购长期整合绩效中，研究发现，高管团队的平均年龄的调节作用不显著；团队越年轻化，高管团队海外经历的多样性对跨国并购长期整合绩效的促进作用显著性反而减弱，原因可能在于年轻化的团队尽管在吸收能力上较强，但由于经验缺乏，在处理多元化导致的冲突问题上还有所欠缺，从而影响跨国并购绩效的提升。

对拥有海外经历的高管的股权激励在高管团队海外经历促进跨国并购的短期市场反应过程中正向调节效应显著，这一结果与假设一致。但高管团队海外经历的宽度和多样性在促进跨国并购长期整合绩效过程中的调节效应不显著，甚至出现了反向作用。原因可能在于海外高管的数量越多其来源越多元化，一方面意味着在跨国并购战略制定和实施中，企业拥有更多的海外知识、先进的管理理念，从而促进跨国并购战略制定、实施以及整合过程的有效性；但另一方面，随着拥有海外经历的高管数量的增加，也意味着更多的异质性知识进入，高管团队产生内部冲突的可能性增大，短期内拥有海外经历的高管的权力带来的是转移知识的激励，而在长期内随着对海外经历高管激励的增强，高管团队的内部感知到的不公平感导致冲突产生，削弱了其知识贡献的动力，当冲突达到一定程度时，反而抑制了其知识的贡献；而且团队冲突还会削弱团队的知识组合的能力，从而表现为股权激励在高管团队海外经历宽度促进跨国并购长期绩效中产生负向作用。

（三）其他因素的影响

在前述研究的基础上，本书还按照企业是不是国有企业、目标企业是不是上市公司进行了分组回归，回归的结果显示高管团队海外经历对跨国并购绩效的促进作用不适合国有企业，原因可能在于国有产权能够给企业的跨国并购带来政治和经济上的帮助和支持，包括跨国并购后的退税、提供外汇交易的便利以及各种金融支持（包括较低的贷款利息、较大的贷款额度以及贷款的可获得性等）（Luo et al.，2010；Peng，Wang and Jiang，2008），这些支持替代了从海外经历高管处获取知识，团队对海外经历高管知识吸收能力减弱，阻碍了拥有海外经历的高管在跨国并购中知识的转移，削弱了高管团队海外经历对企业跨国并购绩效的促进作用。研究还发现，目标企业非上市的情况下，高管团队海外经历对跨国并购短期绩效的影响不显著，在目标企业上市的情况下，高管团队海外经历对跨国并购长期绩效影响与全样本一致。原因可能在于考察短期绩效时，并购目标信息的公开化替代了高管团队海外经历作用的发挥；而从长期来看，整合上市的目标企业的挑战性，使高管团队组合海外经历高管知识的动力越强。

二、理论贡献

（一）拓展了对新兴市场企业跨国并购绩效影响因素的进一步研究

针对中国企业海外并购规模迅速增加但是失败率较高的现象，大量的研究开始关注新兴市场企业跨国并购的动因和并购绩效的影响因素。现有研究主要从宏观的并购环境、并购主体特征以及交易层面的因素进行探讨。而高管团队作为企业战略制定和执行的具体实施者，其在跨国并购中发挥重要作用，但在跨国并购绩效影响因素的研究中，对高管团队的特征关注较少，研究高管团队的某一具体特征如何影响跨国并购绩效，有助于帮助企业在跨国并购战略实施中通过构建合适的治理结构促进跨国并购绩效。根据高管团队海外经历这一具体特征，可将其划分为高管团队海外经历的宽度和深度两个维度，分别考察其对跨国并购绩效的影响机制。选择高管团队海外经历这一具体特征，关注其对跨国并购绩效的影响机制，延伸了新兴市场企业跨国并购绩效影响因素的研究。

（二）拓展了高管海外经历对企业影响的领域

对已有的高管海外经历的研究文献来讲，主要关注点为企业具体的战略，对创新、国际化等的影响，或者直接关注其对企业治理绩效的影响。对于关注高管团队海外经历对跨国并购这一战略事件的影响，探究在这一战略事件的全过程中高管海外经历作用的发挥，进而研究其影响的不同阶段的结果。将高管海外经历的影响具体到某一战略事件上，拓展了高管海外经历对企业影响的领域。

（三）深入探究了高管海外经历影响跨国并购绩效的内在机制

个体知识并不必然转化为组织知识，高管海外经历所带来的知识在特定的条件下才能够整合到组织层面，服务于跨国并购，从而促进跨国并购绩效。基于知识基础观，从知识整合的视角，认为知识贡献者、团队对知识的组合能力影响了个体知识整合到团队层面，深入探究了高管团队海外经历影响跨国并购绩效过程的内在机制，提供了高管团队海外经历促进跨国并购绩效的一条解释路径。

三、管理启示

（一）并购企业中高管团队的海外经历促进跨国并购的短期绩效和长期绩效

对于我国实施跨国并购的企业，可以通过制定一系列人力资源政策吸引在发达经济体工作、学习或者有生活经历的人才进入企业的高管团队，通过这些拥有海外经历的人才获取发达经济体先进的管理经验、前沿的技术、海外市场的信息以及海外丰富的商业网络。这种"吸纳"不仅能够提升跨国并购战略制定、实施的有效性，在并购后的整合过程中，更是能够克服并购后在整合过程中的信息不对称问题和文化融合问题，从而促进跨国并购绩效的增加，实现企业实施跨国并购的战略目标。

（二）高管团队海外经历影响跨国并购绩效的内在机制

研究结果表明，高管团队对知识的吸收能力和拥有海外经历的高管知识转移的激励能够增强海外经历对跨国并购短期绩效的促进作用，这就意味着要充分发挥拥有海外经历的高管在跨国并购中提供"知识"的功能。一方面，企业可以通过强化拥有海外经历的高管的激励机制，如担任重要的职位、给予股权等方式促进拥有海外经历的高管知识的转移。另一方面，企业可以改进其内部结构，增强自身对外部知识的吸收能力，如更新高管团队，促进高管团队的年轻化，提升企业的创新水平等。

（三）跨国并购中要注意企业体制的影响

分组回归的结果显示，国有企业由于自身制度的问题，高管团队海外经历对跨国并购绩效的促进作用不显著，目标是上市企业的跨国并购中，高管团队海外经历对于跨国并购短期绩效的促进作用也不显著。因此，实施跨国并购的企业如果是国有企业，要注意内部制度和治理结构的改革，避免"所有者代理"问题，促进拥有海外经历的高管知识的转移；对于并购目标不是上市公司的跨国并购，在战略决策制定和实施的过程中信息不充分成为主要的障碍，企业可以通过引进海外经历的人才进入高管团队，利用其海外知识和海外网络，降低由于信息不充分带来的战略决策风险。

四、研究不足与研究展望

高管团队特征对企业行为的影响是一个非常复杂的问题，本书从高管团队的海外经历这一具体特征出发，初步探索其对我国企业跨国并购绩效的影响机制。但研究还存在诸多不足和值得进一步研究的方面，以下就本书的主要研究不足以及与其对应的可能的研究方向进行分析。

第一，在理论研究方面，本书在分析高管团队海外经历对跨国并购绩效的影响途径时只关注了海外经历高管通过知识提供进而影响跨国并购绩效这一途径，没有考虑其他可能渠道。尽管大部分基于高阶理论研究高管团队特征对企业战略及绩效影响的研究集中于知识提供、资源提供的功能，但是近期也有少量文献关注到拥有海外经历的高管通过提升团队的运行效率促进企业绩效，这一点主要体现在高管团队海外背景异质性的作用上，Watson 等（1993）的研究解释说，高管团队中如果拥有不同海外经历的高管，就容易发起有建设性的争论，从而制定出更适合公司发展的战略，带来企业整体绩效的提升。因此，今后的研究可以尝试从高管团队海外经历的异质性角度探讨其对跨国并购绩效的影响。

第二，受数据获取的限制，只选择了我国上市公司的跨国并购样本。而胡润百富与 DealGlobe 易界共同发布的《2017 中国企业跨境并购特别报告》表明，上市公司与非上市公司进行跨国并购的目的和需求存在差异性，而汤姆森 SDC 数据的数据显示，进行跨国并购的中国企业中，上市公司的占比有限。因此，选用上市公司的数据验证我国企业高管团队海外经历对跨国并购绩效的影响，代表性不是特别强。其数据获取的限制还使得样本量较小，对回归结果的显著性产生了一定的影响。因此，在今后的研究中，应尽可能多收集覆盖面更广的跨国并购企业的数据进行验证，提高样本选择的科学性。

第三，对于本书提出的理论假设，高管海外经历不同维度对跨国并购长短期绩效的影响非常复杂，仅仅采用二手数据实证的方法进行验证，并不能完全揭开内部作用机制的"黑箱"。今后的研究可以尝试对拥有海外经历的高管的知识进行进一步划分，进一步探讨不同的知识在跨国并购中的具体转移途径，在后期的研究中，还可以尝试增加多案例研究的方法，依托于多种资料的收集和多种分析方法，通过"三角论证"，探究拥有海外经历的高管知识转移中的"因果关系"，在可靠、可信的经验研究基础上再进一步提供相关的对策建议。

第八章
进一步的研究

前述研究关注到海外经历通过知识提供促进中国企业的跨国并购绩效，但并没有讨论提供的是何种知识。基于此，笔者进一步考虑中国企业的特殊性，关注拥有海外经历的高管在跨国并购中提供的具体的知识类型，基于资源依赖的视角考察高管海外经历在不同性质企业跨国并购中作用发挥机制的差异，选择 2009—2018 年中国沪深 A 股的跨国并购事件为样本，进一步分析高管海外经历对跨国并购绩效的影响机制。

一、研究假说

结合上述文献，高管团队海外经历主要通过提供独特的资源（包括知识、信息和社会网络关系）提升中国企业跨国并购的能力，增强跨国并购的合法性，降低跨国并购的风险，促进跨国并购绩效。

（一）高管团队海外经历与跨国并购绩效

不可否认，中国企业目前处于后发劣势阶段，在先进的技术、管理经验和国际化经验等方面都存在一定的短板，这对于中国企业在跨国并购中的战略制定、实施以及并购后的整合都会存在一定的影响。根据资源基础观（Pfeffer and Salancik，1978），拥有海外经历的高管加入高管团队意味着企业拥有了新的资源和信息（Inkpen and Pien，2006；Saxenian，2002；Song et al.，2009）、权力、威望（McPherson M. et al.，2001）以及跨国的社会联系和认知（Tushman and Scanlan，1981），具体表现为资源信息获取效应、合法性效应和风险降低效应。首先，企业高管的海外经历能够提供一种较难模仿的知识储备和优势（Meyer et al.，2009），在企业实施跨国并购过程中，其在整合全球资源、获取境外信息及组建境外战略合作伙伴等方面具有优势：在并购目标的选择、交易结构、谈判以及并购后的整合等方面提供独特视角的建议，从而提升并购者的价值；而且能帮助企业在并购后更好地将海外先进技术转移和融合，从而提升新兴市场企业海外并购后的技术创新能力（吴映玉、陈松，2017）。其次，我国企业高管的海外经历大部分表现为在发达经济体的留学或者工作经历，而且很大比例来自世界一流的高校或全球五百强企业，海外经历所赋予的权力和威望能够提升中国企业跨国并购的合法性（Pfeffer，1972；Pfeffer & Salancik，1978）。最后，企业跨国经营需要面临法律风险、汇率风险、文化价值差异等多方面的挑战，根据知识基础观和社会网络理论，拥有海外经历的高管的海外关联网络能够有效地提升其对海外经营的认知能力及处理问题能力（Williams，2010）、缓解文化差异可能引起的未知恐慌，从而降低借款者的资本提供成本，提升其借款意愿，进一步降低跨国并购融资约束。因此，我们提出如下假设。

假设 1a：相对于没有海外经历高管的公司，拥有海外经历的高管的公司实施跨国并购的绩效更好。

假设 1b：公司中拥有海外经历的高管人数越多、拥有海外经历的高管在高管团队中的比例越高时，企业实施跨国并购的绩效越好。

（二）高管海外经历、资源依赖与跨国并购绩效

1. 高管海外经历与信息不对称

信息不对称现象的存在使得经济活动中会有一方因无法获取完整的信息而处于不利地位（Akerlof et al.，1970）。中国企业实施跨国并购的信息不对称主要体现在并购标的和东道国市场信息的缺失，在实施跨国并购过程中，一方面，目标企业为达到利己目的而有意隐瞒信息或提供虚假信息，导致并购方难以做出正确的决策。另一方面，与东道国文化、经济、法律以及政治制度的差异性使得在跨国并购过程中难以充分了解目标市场的相关信息，造成跨国并购风险的增加。高管有海外经历尤其有来自目标市场的海外经历，其能提供并购目的和目标市场的相关信息，降低跨国并购的信息不对称，从而促进跨国并购绩效的提升。因此，我们提出第二次假设。

假设 2：当实施跨国并购的企业面临的信息不对称程度更高时，高管海外经历对企业跨国并购绩效提升的正向促进作用更大。

2. 高管团队海外经历与企业性质

在研究中国企业跨国并购的绩效时，企业的国有产权性质对跨国绩效的影响成为众多学者关注的对象。尽管有学者认为在国有企业中，企业中较高集中度的国有产权会产生产权主体缺位，从而导致管理机会主义的产生，管理者关注自己的利益而非股东的利益，带来所有者冲突（Principal – principal conflicts），无法保证跨国并购绩效（Chen and Young，2010）。但在实施跨国并购过程中，国有企业的政治关系可以帮助企业在跨国并购活动中获得更多的资源，包括充裕的资金、通畅的融资途径和宽松的政策支持等（潘红波等，2008；冯梅、郑紫夫，2016）；而民营企业在政治资源上的缺失使其对高管海外经历所带来资源的依赖性增强，其更有动力充分调动高管海外经历所蕴含的资源。因此，我们提出第三次假设。

假设3：相对于国有企业，实施跨国并购的民营企业中高管海外经历对企业跨国并购绩效提升的正向促进作用更大。

二、数据来源与变量定义

（一）样本选择与数据来源

由于自2008年之后我国上市公司高层管理者的信息披露数据才相对完整，且2009年之前实施跨国并购的上市公司数量较少，因此，本书的研究对象是2009年1月1日到2018年12月31日发生的中国沪深A股上市公司跨国并购事件，并购样本来源于汤姆逊SDC Platinum全球并购数据库，国内上市公司高层管理团队和企业财务数据的相关数据均来自国泰安数据库，其他数据来自世界银行网站等。

参照Du and Boateng（2015）的做法，首先，在汤姆逊SDC Platinum全球并购数据库中筛选出2009—2018年并购方为中国沪深两市A股的上市公司，按照以下标准进行筛选：（1）剔除并购标的在中国港澳地区、百慕大、开曼群岛、英属维尔京群岛的样本；（2）选择交易类型为M & A、已经签署协议并且已经实际完成的并购，在数据库中显示为"completed"的并购事件作为研究对象；（3）根据联合国贸发会的定义，主并企业须拥有被并企业10%以上股份的收购（或合并）活动被界定为跨国并购，因此，剔除并购的股份小于10%的并购事件；（4）剔除并购标的是并购企业子公司或者是中国企业的事件；（5）对于同一年中并购方对目标方进行多次并购，保留第一次并购作为样本；（6）考虑到金融保险类企业的特殊性，剔除并购方为金融保险类的企业；（7）将上述并购方企业通过国泰安高层管理人物特征和财务数据的匹配，剔除数据无法获取及无法计算的样本（包括并购当年或者并购之后上市的企业样本、CAR 无法计算的企业样本等），最终得到的样本数包括 249 家企业的 261 个并购事件。

（二）变量定义与测量

1. 跨国并购绩效

本书选择跨国并购事件期内股票市场的短期市场反应衡量并购绩效，事件期选择参照 Calomiris 等、Gaur 等、李青原对于中国上市公司跨国并购的研究，采用标准的事件时间方法（event – time approach），以并购宣告前后若干个交易日并购方公司的累计超额收益率（CAR）来进行衡量跨国并购的短期绩效。参照国内外公司金融领域对累计超额收益率的计算方法，本书中对市场模型法进行 CAR 的计算，以实际并购发布的公告日期为第 0 日，估计期则是并购发布公告日前 150 日至公告发布日前 31 日，事件期为公告发布日前 30 日到公告发布日后 30 日，超额收益率 AR_{jt} 在事件期的加总，即为股票 j 在事件期 (t_1, t_2) 的累计超额收益率 CAR，即 $CAR_j(t_1, t_2) = \sum_{t_1}^{t_2} AR_{jt}$。

本书分别计算了不同事件窗口的累计超额收益率，为了检验事件窗口的累计超常收益率是否与 0 存在显著性差异，我们进行了独立样本 T 检验和威尔科克森符号秩检验，如表 8 – 1 所示，并购公告日前一日至公告当日的累计超常收益率 CAR（ – 1,0）均值为 0.0143，T 检验 P 值为 0.006 < 0.001，在 1% 水平上显著区别于 0，威尔科克森符号秩检验的 P 值为 0.002，在 1% 水平上显著区别于 0，因此，本章中采用 CAR（ – 1,0）的值作为被解释变量进行分析。

表 8 – 1　并购事件窗口累计超额收益率

事件窗口	均值	独立样本 T 检验	Wilcoxon test
CAR（ – 1,0）	0.008867	0.009***	0.021**

注：*** 表示检验结果在 1% 水平上显著，** 表示检验结果在 5% 水平上显著，* 表示检验结果在 1% 水平上显著。

2. 高管海外经历

高管海外经历能够促进跨国绩效，主要原因在于其在跨国并购事件中能够提供海外资源，包括技术、企业治理知识以及海外网络嵌入带来的社会资本，因此，其所能够提供资源的质量影响跨国并购绩效。发达国家往往能够提供最先进的技术，为技术并购中技术的识别、并购后技术的整合提供技术支撑；公司治理标准高的国家能够提供规范的企业治理标准，拥有海外经历的高管特别是海外经历来自公司治理标准高的国家的高管对落后的企业治理机制和管理者的自利行为比较敏感；在上述这些国家的网络嵌入往往还会为跨国并购带来强大的融资，因此，相对于其他国家的海外经历，发达国家或者是企业治理标准较高的国家的海外经历能够带来更多高质量的资源，从而促进跨国并购的绩效，因此，我们将高管海外经历界定为来自发达国家或者地区的学习和工作经历。海外学习经历包括在中国大陆以外的中国省份或者特别行政区域的国家或地区取得本科、硕士、博士学位，或有访学、培训等经历；海外工作经历包括在中国大陆以外国家或地区工作过可以被认定为拥有海外工作经历。

考虑全球化背景下，海外经历不一定通过境外实地经历才能获得，我国港澳台地区和跨国公司也是国内人员了解海外社会、先进的技术和企业管理方法的重要窗口，因此，本书将公司高管在发达国家跨国公司的任职也界定为其海外经历。

在 CSMAR 数据库基础上，我们对 261 个并购样本截至并购日在职的 2782 名高管的个人资料进行人工查询和调查，对每个高管是否存在海外经历、存在的海外经历来自哪个国家或者地区、在海外学习工作以及生活的时间等变量进行逐一抠取。主要变量的定义及测量参见表 8-2。

表 8-2 主要变量的定义

被解释变量	变量定义
CAR(-1,0)	并购事件窗口为(-1,0)的累计超额收益率
解释变量	
（FE）Foreign Experience	并购企业高管是否有海外经历
（FN）Number of executives with foreign experience	高管团队成员中具有海外经历人员数量
（FR）Ratio of executives with foreign experience	高管团队成员中具有海外经历人员占高管团队人数的比例

高管团队海外经历对中国企业跨国并购绩效的影响研究

控制变量	变量定义
并购交易层面变量	
AA（Acquiror Advisors）	并购方是否聘用了专业顾问
Experience	并购企业是否有并购经验
Eco ID（Economic Institutional Distance）	采用美国传统基金会公布的全球经济自由度指数（EFI）衡量母国与东道国正式经济制度距离。测量公式：Eco ID $= EFI_{host} - EFI_{home}$
CD（Culture Distance）	母国与东道国的文化距离。测量公式：$CD_{jk} = \ln \sum \left[(D_{ij} - D_{ik})/V_i \right]/5$
VOT（Value of Transaction）	交易额（单位：百万美元）
SC（Similar Country）	并购标的所在国与高管海外经历来源国是否具有一致性
Same Industry	并购企业与目标企业是否属于同一行业（SIC 前 3 位相同）
Asia Target	目标企业是不是亚洲企业
Control	并购后并购企业是否控股
Cash	是否采用全现金进行收购
并购企业层面变量	
CAR（Cash Asset Ratio）	并购企业资产现金比率
ALR（Asset Liability Ratio）	并购企业资产负债比例
ln（Acquiror Total Assets）	并购企业总资产（取对数）
SOE	并购企业是否拥有国有产权
Manufacturing	并购企业是不是制造业企业
lnStaff	并购企业的员工数（取对数）
Tobin's Q	并购企业前一年的 Tobin's Q 值

　　表8－3报告了所有变量的描述性统计分析。其中,并购公告(－1,0)事件窗口的累计超额收益率最小值为－0.16,最大值为0.209,均值为0.009,表明样本企业海外并购事件在公告日前后的短期内有正的平均回报。尽管大量研究认为中国企业的跨国并购不成功,但从整体的市场反应来看,市场投资者对中国企业的跨国并购仍然持有较为乐观的态度,这与 Chen and Young (2010)和顾露露、Reed(2011)对中国企业海外并购绩效研究的结果一致,对于新兴市场国家而言,企业实施跨国并购战略符合整合全球化资源,提高企业经营绩效,促进国民经济持续稳定发展的需要,也是迅速提升企业高新技术研发能力,学习发达国家企业先进经验的必经之路。

表8－3　变量描述性统计

变量	均值	方差	最小值	最大值
CAR（－1,0）	0.009	0.057	－0.160	0.209
FE	0.790	0.408	0.000	1.000
FN	1.854	1.735	0.000	9.000
FR	0.096	0.084	0.000	0.429
AA	0.278	0.449	0.000	1.000
Manufacturing	0.729	0.445	0.000	1.000
Experience	0.386	0.488	0.000	1.000
Cash Asset Ratio	0.200	0.169	0.012	0.954
Asset Liability Ratio	0.392	0.195	0.008	0.877
ln（Acquiror Total Assets）	6.805	1.542	4.383	12.809
lnStaff	8.246	1.409	5.043	13.207
Tobin's Q	2.328	2.240	0.900	33.947
SC	0.332	0.472	0.000	1.000
Asia Target	0.183	0.387	0.000	1.000
Control	0.769	0.422	0.000	1.000
Cash	0.644	0.480	0.000	1.000

三、研究设计及结果分析

本部分将对前述提出的假说进行经验检验。我们首先使用分组检验来比较拥有海外经历的高管任职的企业是否比没有海外经历高管任职的企业具有更高的跨国并购绩效，之后将进一步运用计量模型进行回归检验。

（一）分组检验

表8－4报告了企业投资效率的分组检验结果。根据企业高管是否拥有海外经历，我们将样本分为无海外经历高管企业与有海外经历高管企业两组，并对两组样本的跨国并购绩效进行独立样本 T 检验和符号秩检验。由检验结果可知，有海外经历高管的样本企业具有较高的跨国并购绩效，且该差异较为显著（均值检验下 P 值 < 0.001，符号秩检验下 P 值 < 0.001）（见表8－4），初步验证假设1a。

表8－4　跨国并购绩效分组检验

组	CAR(−1,0)
无海外经历高管样本	− 0.015
有海外经历高管样本	0.014
Diff（无海外经历 − 有海外经历）	− 0.029
独立样本 T 检验 P 值	0.0005
符号秩检验 P 值	0.0002

（二）回归模型建立

本书首先考察了高管团队中拥有海外经历是否能够对企业的跨国并购绩效产生影响，构建并购企业高管团队海外经历不同维度对跨国并购绩效影响的模型：

$$CAR = \beta_0 + \beta_1 FE + \sum_{i=2}^{n} \beta_i Control + \varepsilon \qquad (8-1)$$

$$CAR = \beta_0 + \beta_1 FN + \sum_{i=2}^{n} \beta_i Control + \varepsilon \qquad (8-2)$$

$$CAR = \beta_0 + \beta_1 FR + \sum_{i=2}^{n} \beta_i Control + \varepsilon \qquad (8-3)$$

此处的 FE、FN 和 FR 分别代表高管团队是否有海外经历、高管团队中海外经历高管数量和高管团队中海外经历高管占比；CAR 为被解释变量，代表海外并购事件引起的并购方股价的累计超额回报；β_0 为截距项，β_1 为高管团队不同维度海外经历的回归系数，代表高管团队海外经历的不同维度对跨国并购绩效的影响程度；Control 为方程的控制变量，包括上述除了解释变量之外的其他因素；$\sum_{i=3}^{n} \beta_i$（$i=2,\cdots,n$）为控制变量的回归系数，代表控制变量对并购绩效的影响程度；ε 为随机扰动项，代表其他未包含在模型内的影响并购绩效的因素。

（三）回归结果分析

1. 高管海外经历与跨国并购绩效

表 8 - 5 的回归结果显示高管团队海外经历、海外经历高管数量和海外经历高管占比对跨国并购的短期市场反应产生显著的积极影响，进一步验证了假设 1a 和假设 1b。控制变量方面，与以往的研究一致，我们发现并购方是否聘用了专业顾问（Acquiror Advisors）与跨国并购绩效显著正相关（Angwin，2001），并购企业总资产［ln（Acquiror Total Assets）］与跨国并购绩效显著负相关（Moeller et al.，2004；Kohli and Mann，2011）。

表 8 - 5　高管海外经历对跨国并购绩效的回归结果

	(1) CAR(-1,0)	(2) CAR(-1,0)	(3) CAR(-1,0)
FE	0.036***		
	(0.009)		
FN		0.004**	
		(0.002)	
FR			0.107**
			(0.045)

高管团队海外经历对中国企业跨国并购绩效的影响研究

	（1）	（2）	（3）
	CAR(−1,0)	CAR(−1,0)	CAR(−1,0)
Acquiror Advis or s	0. 021 ***	0. 021 ***	0. 021 ***
	（0. 008）	（0. 008）	（0. 008）
Manufacturing	− 0. 010	− 0. 010	− 0. 010
	（0. 008）	（0. 008）	（0. 008）
Experience	0. 005	0. 005	0. 005
	（0. 008）	（0. 008）	（0. 008）
Cash Asset Ratio	− 0. 002	0. 003	0. 000
	（0. 029）	（0. 029）	（0. 029）
Asset Liability Ratio	0. 020	0. 017	0. 017
	（0. 024）	（0. 025）	（0. 025）
lnAcquiror Total Assets	− 0. 011 **	− 0. 010 *	− 0. 010 *
	（0. 005）	（0. 005）	（0. 005）
lnStaff	0. 005	0. 004	0. 005
	（0. 005）	（0. 005）	（0. 005）
Tobin's Q	0. 001	0. 001	0. 001
	（0. 002）	（0. 002）	（0. 002）
Same Industry	− 0. 007	− 0. 008	− 0. 008
	（0. 008）	（0. 008）	（0. 008）
Asia Target	0. 021 **	0. 023 **	0. 022 **
	（0. 009）	（0. 009）	（0. 009）
Control	0. 004	0. 004	0. 003
	（0. 008）	（0. 009）	（0. 009）

	(1) CAR(−1,0)	(2) CAR(−1,0)	(3) CAR(−1,0)
Cash	− 0. 006	− 0. 008	− 0. 008
	(0. 008)	(0. 008)	(0. 008)
Time	Fixed	Fixed	Fixed
_cons	0. 009	0. 032	0. 029
	(0. 035)	(0. 036)	(0. 036)
obs	261	261	261
R − squared	0. 149	0. 104	0. 109

注:$^{***}P<0.01$,$^{**}P<0.05$,$^{*}P<0.1$。

2. 高管海外经历与信息提供

前面的研究验证了高管海外经历促进跨国并购绩效,这一部分采用两种方法直接验证高管海外经历通过信息提供促进跨国并购绩效。第一,相对于非上市公司,上市公司的信息更为透明,根据并购标的是否为上市公司,进行分组回归,考察跨国并购标的信息透明度较低的并购交易中,高管海外经历在促进跨国并购绩效上发挥的作用是否更大;第二,相对于欧洲、美洲、非洲、大洋洲,在跨国并购中,实施跨国并购的企业更容易获取亚洲国家或地区的市场信息,进一步以东道国是否为亚洲国家或地区,进行分组回归,考察跨国并购东道国市场信息透明度较低的并购交易中,高管海外经历在促进跨国并购绩效上发挥的作用是否更大。结果显示:并购标的为非上市公司的跨国并购中,并购企业中高管海外经历对跨国并购绩效有显著的促进作用,而在并购标的为上市公司的并购中,这种促进作用不显著(见表8-6);跨国并购东道国是非亚洲国家时,并购企业中高管海外经历对跨国并购绩效有显著的促进作用,而在东道国为亚洲国家的跨国并购中,这种促进作用不显著(见表8-7)。总体而言,本书的假设2得到验证。

表8－6　并购标的是否上市的回归比较

变量	并购标的为上市公司			并购标的为非上市公司		
	（1）	（2）	（3）	（1）	（2）	（3）
FE	0.032			0.038***		
	(0.034)			(0.009)		
FN		0.002			0.005**	
		(0.006)			(0.002)	
FR			0.080			0.119**
			(0.130)			(0.050)
Acquiror Advis or s	0.045	0.044	0.044	0.020**	0.020**	0.019**
	(0.031)	(0.032)	(0.032)	(0.009)	(0.009)	(0.009)
Manufacturing	0.042	0.036	0.037	−0.017*	−0.017*	−0.016*
	(0.031)	(0.031)	(0.030)	(0.009)	(0.009)	(0.009)
Experience	0.016	0.005	0.004	0.007	0.007	0.007
	(0.034)	(0.038)	(0.037)	(0.009)	(0.009)	(0.009)
Cash Asset Ratio	−0.020	−0.013	−0.020	−0.023	−0.018	−0.020
	(0.064)	(0.064)	(0.066)	(0.033)	(0.034)	(0.034)
Asset Liability Ratio	−0.048	−0.054	−0.057	0.017	0.017	0.016
	(0.067)	(0.069)	(0.069)	(0.027)	(0.028)	(0.028)
ln（Acquiror Total Assets）	−0.007	−0.003	−0.004	−0.009*	−0.010*	−0.009
	(0.014)	(0.013)	(0.013)	(0.005)	(0.006)	(0.006)
lnStaff	−0.001	−0.001	−0.001	0.003	0.003	0.004
	(0.012)	(0.012)	(0.012)	(0.006)	(0.006)	(0.006)
Tobin's Q	0.013	0.016	0.014	0.001	0.001	0.001

变量	并购标的为上市公司			并购标的为非上市公司		
	（1）	（2）	（3）	（1）	（2）	（3）
	（0.013）	（0.013）	（0.013）	（0.002）	（0.002）	（0.002）
Same Industry	−0.009	−0.005	−0.003	−0.006	−0.008	−0.008
	（0.020）	（0.022）	（0.023）	（0.008）	（0.009）	（0.009）
Asia Target	−0.008	−0.009	−0.012	0.025**	0.025**	0.026**
	（0.032）	（0.035）	（0.035）	（0.010）	（0.011）	（0.011）
Control	0.026	0.030	0.029	0.006	0.006	0.005
	（0.031）	（0.031）	（0.031）	（0.011）	（0.011）	（0.011）
Cash				−0.010	−0.011	−0.011
				（0.009）	（0.009）	（0.009）
Time	Fixed	Fixed	Fixed	Fixed	Fixed	Fixed
_cons	0.041	0.041	0.045	0.011	0.035	0.030
	（0.085）	（0.090）	（0.089）	（0.041）	（0.042）	（0.042）
obs	38	38	38	223	223	223
R−squared	0.624	0.607	0.612	0.166	0.116	0.120

注：*** $P<0.01$，** $P<0.05$，* $P<0.1$。

表8−7 并购标的是否为亚洲企业的回归比较

变量	并购标的为亚洲企业			并购标的为非亚洲企业		
	（1）	（2）	（3）	（1）	（2）	（3）
FE	0.012			0.037***		
	（0.031）			（0.009）		
FN		−0.003				0.005**

变量	并购标的为亚洲企业			并购标的为非亚洲企业		
	(1)	(2)	(3)	(1)	(2)	(3)
		(0.006)			(0.002)	
FR			−0.051			0.125**
			(0.122)			(0.051)
AcquirorAdvis or s	0.053**	0.051*	0.051*	0.016*	0.017*	0.016*
	(0.026)	(0.025)	(0.025)	(0.009)	(0.009)	(0.009)
Manufacturing	0.045*	0.047*	0.047*	−0.016*	−0.017*	−0.017*
	(0.024)	(0.024)	(0.024)	(0.009)	(0.009)	(0.009)
Experience	0.007	0.009	0.009	0.006	0.006	0.007
	(0.024)	(0.024)	(0.024)	(0.008)	(0.009)	(0.009)
Cash Asset Ratio	0.234**	0.237**	0.237**	−0.005	−0.006	−0.009
	(0.095)	(0.095)	(0.095)	(0.032)	(0.033)	(0.033)
Asset Liability Ratio	0.039	0.033	0.032	0.026	0.026	0.024
	(0.081)	(0.080)	(0.080)	(0.026)	(0.027)	(0.027)
ln (Acquiror Total Assets)	0.028	0.031*	0.031*	−0.015***	−0.014**	−0.013**
	(0.018)	(0.018)	(0.018)	(0.005)	(0.005)	(0.005)
lnStaff	−0.025	−0.027	−0.027	0.007	0.006	0.006
	(0.016)	(0.017)	(0.017)	(0.005)	(0.005)	(0.005)
Tobin's Q	0.008	0.009	0.009	0.001	0.001	0.001
	(0.011)	(0.010)	(0.011)	(0.002)	(0.002)	(0.002)
Same Industry	0.013	0.014	0.014	−0.008	−0.009	−0.009
	(0.021)	(0.021)	(0.021)	(0.008)	(0.009)	(0.009)

变量	并购标的为亚洲企业			并购标的为非亚洲企业		
	（1）	（2）	（3）	（1）	（2）	（3）
Control	0.051**	0.050**	0.050**	−0.002	−0.001	−0.003
	(0.021)	(0.021)	(0.021)	(0.010)	(0.010)	(0.010)
Cash	−0.030	−0.031	−0.032	−0.002	−0.003	−0.003
	(0.021)	(0.021)	(0.021)	(0.009)	(0.009)	(0.009)
Time	−0.019	−0.031	−0.032	0.005	0.007	0.003
	(0.084)	(0.079)	(0.079)	(0.029)	(0.029)	(0.029)
_cons	−0.038	−0.028	−0.022	0.025	0.052	0.050
	(0.105)	(0.102)	(0.104)	(0.038)	(0.039)	(0.039)
obs	46	46	46	215	215	215
R − squared	0.504	0.506	0.505	0.144	0.098	0.104

注：$^{***}P<0.01$，$^{**}P<0.05$，$^{*}P<0.1$。

3. 高管海外经历与企业产权性质

本部分进一步考察不同产权性质的企业中高管海外经历对于跨国并购绩效的影响是否存在差异。以并购企业是否为国有企业进行分组回归，结果显示：并购企业为民营企业的跨国并购中，并购企业中高管海外经历对跨国并购绩效有显著的促进作用，而在并购企业为国有企业的跨国并购中，这种促进作用不显著（见表8−8），研究结果验证了假设3。

表8−8　并购企业是否为国有企业的回归比较

变量	并购企业为国有企业			并购企业为非国有企业		
	（1）	（2）	（3）	（4）	（5）	（6）
FE	0.014			0.037***		
	(0.028)			(0.009)		

续表

变量	并购企业为国有企业			并购企业为非国有企业		
	(1)	(2)	(3)	(4)	(5)	(6)
FN		0.010			0.003	
		(0.005)			(0.002)	
FR			0.209			0.086 *
			(0.126)			(0.048)
Acquiror Advis or s	−0.034	−0.034	−0.032	0.023***	0.022**	0.021**
	(0.027)	(0.021)	(0.022)	(0.008)	(0.009)	(0.009)
Manufacturing	0.026	0.024	0.025	−0.013	−0.013	−0.012
	(0.026)	(0.021)	(0.022)	(0.009)	(0.009)	(0.009)
Experience	0.036	0.031	0.037	0.004	0.004	0.004
	(0.026)	(0.021)	(0.022)	(0.008)	(0.009)	(0.009)
Cash Asset Ratio	−0.030	−0.031	−0.017	−0.010	−0.003	−0.005
	(0.121)	(0.096)	(0.100)	(0.030)	(0.031)	(0.031)
Asset Liability Ratio	−0.197 *	−0.204**	−0.200 *	0.019	0.018	0.018
	(0.099)	(0.080)	(0.084)	(0.027)	(0.028)	(0.028)
ln (Acquiror Total Assets)	0.046	0.039	0.039	−0.012**	−0.010 *	−0.010 *
	(0.025)	(0.020)	(0.021)	(0.005)	(0.005)	(0.005)
lnStaff	−0.081 *	−0.074**	−0.071 *	0.007	0.006	0.006
	(0.035)	(0.028)	(0.030)	(0.005)	(0.005)	(0.005)
Tobin's Q	−0.077 *	−0.078**	−0.071 *	0.001	0.001	0.001
	(0.038)	(0.030)	(0.032)	(0.002)	(0.002)	(0.002)
Same Industry	0.077	0.074 *	0.074 *	−0.006	−0.006	−0.006
	(0.043)	(0.035)	(0.036)	(0.008)	(0.008)	(0.008)

变量	并购企业为国有企业			并购企业为非国有企业		
	（1）	（2）	（3）	（4）	（5）	（6）
Asia Target	0.090	0.081	0.080	0.023**	0.025**	0.025**
	（0.063）	（0.051）	（0.054）	（0.009）	（0.010）	（0.010）
Control	0.011	0.014	0.008	0.000	0.002	0.002
	（0.030）	（0.022）	（0.022）	（0.009）	（0.009）	（0.009）
Cash	−0.024	−0.010	−0.017	−0.005	−0.006	−0.006
	（0.046）	（0.037）	（0.039）	（0.008）	（0.009）	（0.009）
Time	0.000	−0.006	−0.020	0.017	0.015	0.014
	（0.054）	（0.043）	（0.047）	（0.040）	（0.041）	（0.041）
_cons	0.621**	0.590**	0.564**	−0.022	−0.002	−0.004
	（0.242）	（0.196）	（0.207）	（0.044）	（0.046）	（0.046）
obs	28	28	28	233	233	233
R−squared	0.858	0.907	0.898	0.163	0.111	0.116

注：*** $P<0.01$，** $P<0.05$，* $P<0.1$。

四、稳健性检验

此处首先采用了替换关键变量的测量方法，重新进行回归，表 8−9 用（0,1）窗口的非正常累计收益率替代（−1,0）窗口，得到相同的结论。

表 8−9　替换因变量的回归结果

	（1）CAR(0,1)	（2）CAR(0,1)	（3）CAR(0,1)
FE	0.032***		
	（0.012）		

	(1) CAR(0,1)	(2) CAR(0,1)	(3) CAR(0,1)
FN		0.007 **	
		(0.003)	
FR			0.161 ***
			(0.059)
AcquirorAdvis or s	0.024 **	0.025 **	0.024 **
	(0.011)	(0.011)	(0.011)
Manufacturing	−0.016	−0.017	−0.017
	(0.011)	(0.011)	(0.011)
Experience	−0.013	−0.014	−0.013
	(0.010)	(0.011)	(0.010)
Cash Asset Ratio	−0.029	−0.025	−0.029
	(0.039)	(0.039)	(0.039)
Asset Liability Ratio	−0.023	−0.023	−0.024
	(0.033)	(0.033)	(0.033)
ln (Acquiror Total Assets)	−0.011 *	−0.011 *	−0.011 *
	(0.007)	(0.007)	(0.007)
lnStaff	0.012 *	0.012 *	0.012 *
	(0.007)	(0.007)	(0.007)
Tobin's Q	0.001	0.001	0.001
	(0.002)	(0.002)	(0.002)
Same Industry	−0.013	−0.014	−0.014
	(0.010)	(0.010)	(0.010)
Asia Target	0.002	0.003	0.002
	(0.012)	(0.012)	(0.012)

	（1） CAR(0,1)	（2） CAR(0,1)	（3） CAR(0,1)
Control	0.003	0.003	0.002
	(0.011)	(0.011)	(0.011)
Cash	−0.015	−0.016	−0.017
	(0.011)	(0.011)	(0.011)
Time	fixed	fixed	fixed
_cons	−0.009	0.016	0.011
	(0.048)	(0.048)	(0.047)
obs	261	261	261
R−squared	0.102	0.096	0.102

注: $^{***} P < 0.01$, $^{**} P < 0.05$, $^{*} P < 0.1$。

为进一步验证并购企业高管团队海外经历对跨国并购资源提供作用机制的稳定性，我们采用制度距离替代信息不对称程度，本书将制度距离划分为正式制度距离和非正式制度距离两类。其中，正式制度距离包括经济制度距离与法律制度距离两个维度，非正式制度距离则指文化制度距离（Estrin et al.，2009）。依据世界银行发布的全球治理指数（WGI）、美国传统基金会公布的全球经济自由度指数（EFI）和 Hofstede 文化距离指数计算出中国与东道国之间的经济制度距离、法律制度距离和文化距离。以制度距离的平均数为基准，将制度距离分为高制度距离组和低制度距离组，分别考察团队海外经历在不同制度距离情境下对跨国并购绩效的影响。研究发现，在中国与东道国制度距离较高的组别中，高管海外经历对企业跨国并购绩效的促进作用显著，而在制度距离较低的组别中，高管海外经历对企业跨国并购绩效的促进作用不显著，进一步验证了高管海外经历在中国企业跨国并购中信息提供作用的发挥（见表 8 - 10、表 8 - 11、表 8 - 12）。

表 8 – 10　不同经济制度距离的回归结果

变量	高经济制度距离组			低经济制度距离组		
	(1)	(2)	(3)	(1)	(2)	(3)
FE	0. 051 ***			0. 024 *		
	(0. 013)			(0. 013)		
FN		0. 006 *			0. 003	
		(0. 003)			(0. 003)	
FR			0. 149 **			0. 071
			(0. 065)			(0. 066)
Acquiror Advis or s	0. 017	0. 019	0. 017	0. 031 ***	0. 031 **	0. 031 **
	(0. 011)	(0. 012)	(0. 012)	(0. 012)	(0. 012)	(0. 012)
Manufacturing	− 0. 013	− 0. 015	− 0. 015	− 0. 002	0. 002	0. 002
	(0. 011)	(0. 012)	(0. 012)	(0. 013)	(0. 013)	(0. 013)
Experience	− 0. 004	− 0. 003	− 0. 002	0. 024 **	0. 022 *	0. 022 *
	(0. 011)	(0. 011)	(0. 011)	(0. 012)	(0. 012)	(0. 012)
Cash Asset Ratio	− 0. 007	− 0. 000	− 0. 001	0. 014	0. 015	0. 013
	(0. 040)	(0. 042)	(0. 041)	(0. 047)	(0. 047)	(0. 048)
Asset Liability Ratio	0. 017	0. 011	0. 013	0. 025	0. 034	0. 032
	(0. 035)	(0. 037)	(0. 037)	(0. 039)	(0. 039)	(0. 040)
ln （Acquiror Total Assets）	− 0. 016 **	− 0. 013 *	− 0. 013 *	− 0. 006	− 0. 006	− 0. 006
	(0. 007)	(0. 008)	(0. 007)	(0. 007)	(0. 007)	(0. 007)
lnStaff	0. 011	0. 008	0. 009	− 0. 001	− 0. 001	− 0. 001
	(0. 007)	(0. 007)	(0. 007)	(0. 007)	(0. 007)	(0. 007)
Tobin's Q	0. 002	0. 002	0. 002	− 0. 001	0. 000	0. 000

变量	高经济制度距离组			低经济制度距离组		
	(1)	(2)	(3)	(1)	(2)	(3)
	(0.002)	(0.002)	(0.002)	(0.005)	(0.005)	(0.005)
Same Industry	-0.009	-0.008	-0.009	-0.016	-0.016	-0.016
	(0.011)	(0.011)	(0.011)	(0.012)	(0.012)	(0.012)
Asia Target	0.010	0.013	0.013	0.034**	0.037**	0.037**
	(0.013)	(0.014)	(0.014)	(0.014)	(0.014)	(0.014)
Control	-0.005	-0.007	-0.008	0.011	0.014	0.013
	(0.011)	(0.012)	(0.012)	(0.014)	(0.014)	(0.014)
Cash	-0.007	-0.005	-0.006	-0.005	-0.008	-0.008
	(0.012)	(0.013)	(0.013)	(0.011)	(0.011)	(0.011)
Time	Fixed	Fixed	Fixed	Fixed	Fixed	Fixed
_cons	0.004	0.037	0.031	0.007	0.019	0.016
	(0.049)	(0.050)	(0.050)	(0.057)	(0.059)	(0.058)
obs	147	147	147	114	114	114
R - squared	0.194	0.118	0.132	0.277	0.259	0.258

注: $^{***}P<0.01$, $^{**}P<0.05$, $^{*}P<0.1$。

表 8 - 11 不同法律制度距离的回归结果

变量	高法律制度距离组			低法律制度距离组		
	(1)	(2)	(3)	(1)	(2)	(3)
FE	0.038***			0.038**		
	(0.012)			(0.015)		
FN		0.005*			0.003	

变量	高法律制度距离组			低法律制度距离组		
	(1)	(2)	(3)	(1)	(2)	(3)
		(0.003)			(0.004)	
FR			0.119 **			0.094
			(0.058)			(0.078)
Acquiror Advis or s	0.017 *	0.018 *	0.017 *	0.019	0.016	0.016
	(0.010)	(0.010)	(0.010)	(0.014)	(0.014)	(0.014)
Manufacturing	−0.011	−0.015	−0.015	−0.008	−0.001	−0.001
	(0.011)	(0.011)	(0.011)	(0.015)	(0.015)	(0.015)
Experience	0.004	0.005	0.005	0.008	0.004	0.005
	(0.009)	(0.010)	(0.010)	(0.015)	(0.016)	(0.016)
Cash Asset Ratio	−0.031	−0.021	−0.025	0.130 **	0.124 **	0.122 **
	(0.036)	(0.037)	(0.037)	(0.055)	(0.057)	(0.057)
Asset Liability Ratio	0.015	0.022	0.020	0.053	0.042	0.043
	(0.033)	(0.034)	(0.034)	(0.040)	(0.042)	(0.042)
ln (Acquiror Total Assets)	−0.012 **	−0.013 **	−0.013 **	−0.001	0.003	0.003
	(0.006)	(0.006)	(0.006)	(0.009)	(0.009)	(0.009)
lnStaff	0.006	0.005	0.006	−0.001	−0.002	−0.002
	(0.006)	(0.006)	(0.006)	(0.009)	(0.010)	(0.010)
Tobin's Q	0.001	0.001	0.001	0.011	0.013 *	0.013 *
	(0.002)	(0.002)	(0.002)	(0.007)	(0.008)	(0.008)
Same Industry	−0.016	−0.015	−0.016	0.005	0.004	0.005
	(0.010)	(0.010)	(0.010)	(0.014)	(0.014)	(0.014)

续表

变量	高法律制度距离组			低法律制度距离组		
	（1）	（2）	（3）	（1）	（2）	（3）
Asia Target	0.012	0.013	0.012	0.033**	0.035**	0.036**
	(0.014)	(0.015)	(0.015)	(0.014)	(0.014)	(0.014)
Control	−0.001	−0.003	−0.004	0.019	0.021	0.021
	(0.011)	(0.011)	(0.011)	(0.015)	(0.015)	(0.015)
Cash	−0.011	−0.012	−0.012	−0.009	−0.011	−0.012
	(0.010)	(0.011)	(0.011)	(0.015)	(0.015)	(0.015)
Time	Fixed	Fixed	Fixed	Fixed	Fixed	Fixed
_cons	0.016	0.048	0.045	−0.064	−0.057	−0.058
	(0.069)	(0.070)	(0.070)	(0.060)	(0.063)	(0.063)
obs	167	167	167	94	94	94
R−squared	0.161	0.119	0.127	0.298	0.239	0.245

注：*** $P < 0.01$，** $P < 0.05$，* $P < 0.1$。

表 8−12 不同文化距离的回归结果

变量	高文化距离组			低文化距离组		
	（1）	（2）	（3）	（1）	（2）	（3）
FE	0.044***			0.032**		
	(0.013)			(0.012)		
FN		0.006*			0.003	
		(0.003)			(0.003)	
FR			0.148**			0.082
			(0.065)			(0.062)

续表

变量	高文化距离组			低文化距离组		
	（1）	（2）	（3）	（1）	（2）	（3）
Acquiror Advis or s	0.012	0.016	0.015	0.030 ***	0.028 **	0.028 **
	（0.012）	（0.013）	（0.013）	（0.011）	（0.011）	（0.011）
Manufacturing	−0.020 *	−0.021 *	−0.021 *	−0.009	−0.006	−0.006
	（0.011）	（0.012）	（0.012）	（0.013）	（0.013）	（0.013）
Experience	0.007	0.006	0.007	0.006	0.007	0.007
	（0.012）	（0.012）	（0.012）	（0.011）	（0.011）	（0.011）
Cash Asset Ratio	0.002	−0.001	−0.004	−0.043	−0.030	−0.033
	（0.040）	（0.041）	（0.041）	（0.045）	（0.046）	（0.046）
Asset Liability Ratio	0.034	0.017	0.017	0.005	0.017	0.016
	（0.038）	（0.038）	（0.038）	（0.036）	（0.037）	（0.037）
ln （Acquiror Total Assets）	−0.026 ***	−0.023 ***	−0.023 ***	0.001	0.001	0.001
	（0.007）	（0.007）	（0.007）	（0.007）	（0.008）	（0.007）
lnStaff	0.013 *	0.011	0.011	−0.005	−0.005	−0.004
	（0.007）	（0.007）	（0.007）	（0.008）	（0.008）	（0.008）
Tobin's Q	0.001	0.001	0.001	−0.001	−0.000	−0.000
	（0.002）	（0.002）	（0.002）	（0.005）	（0.005）	（0.005）
Same Industry	0.005	0.003	0.003	−0.017	−0.017	−0.017
	（0.011）	（0.011）	（0.011）	（0.011）	（0.011）	（0.011）
Asia Target	0.105 ***	0.116 ***	0.116 ***	0.026 **	0.030 **	0.030 **
	（0.034）	（0.035）	（0.035）	（0.011）	（0.012）	（0.012）
Control	−0.015	−0.016	−0.017	0.031 **	0.032 **	0.032 **
	（0.012）	（0.012）	（0.012）	（0.012）	（0.013）	（0.013）

变量	高文化距离组			低文化距离组		
	（1）	（2）	（3）	（1）	（2）	（3）
Cash	0.003	0.002	0.000	−0.006	−0.008	−0.007
	(0.013)	(0.013)	(0.013)	(0.011)	(0.011)	(0.011)
Time	Fixed	Fixed	Fixed	Fixed	Fixed	Fixed
	(0.032)	(0.033)	(0.033)	(0.064)	(0.065)	(0.064)
_cons	0.043	0.072	0.070	−0.016	0.003	−0.001
	(0.047)	(0.049)	(0.048)	(0.058)	(0.059)	(0.059)
obs	132	132	132	129	129	129
R−squared	0.247	0.194	0.205	0.254	0.217	0.220

注：$^{***}P<0.01$，$^{**}P<0.05$，$^{*}P<0.1$。

五、结　　论

在中国企业高管团队国际化程度日益增强的背景下，本章关注高管海外经历对中国企业跨国并购绩效的影响，试图从资源依赖的视角解释高管海外经历在跨国并购中的作用机制。选取2009—2018年中国大陆上市企业的261起跨国并购事件作为样本验证高管海外经历对跨国并购绩效的影响机制，研究结果显示：一方面，高管海外经历通过提供并购标的及东道国的市场等信息资源，降低跨国并购中的信息不对称问题，促进我国企业跨国并购绩效；另一方面，通过考察不同性质企业高管团队海外经历作用发挥的效果，发现民营企业中高管海外经历对跨国并购绩效的促进作用更大，进一步验证了资源依赖理论的应用。

研究的实践意义在于，实施跨国并购的中国企业可以通过拥有海外经历的高管获取并购标的和东道国市场的相关信息，实现跨国并购绩效的提升。特别是对于获取海外信息资源较为困难的民营企业而言，高管团队国际化是降低跨国并购中信息不对称的重要途径。

　　另外，本章的研究仍然存在一定的局限性。因为采用跨国并购的市场反应来衡量并购绩效，不能反映高管海外经历在跨国并购后整合过程中的作用，在未来的研究中可以采用反映跨国并购整合绩效的指标考察高管海外经历对跨国并购绩效作用的机制。

参 考 文 献

[1] Qi Ai, Hui Tan. Acquirers'prior related knowledge and post: acquisition inte-gration Evidences from four Chinese firms [J]. Journal of Organizational Change Management, 2017, 30 (4): 647 –662.

[2] Aktas N, Bode E D, Roll R, Learning from repetitive acquisitions: Evidence from the time between deals [J]. Journal of Financial Economics, 2013, 108 (1): 99 –117.

[3] Al Rahahleh N, Wei PP. The performance of frequent acquirers: Evidence from emerging markets [J]. Global Finance Journal, 2012, 23 (1): 16 –33.

[4] Almeida H, et al. Liquidity mergers [J]. Journal of Financial Economics, 2011, 102 (3): 526 –558.

[5] Anderson J, et al. An event study of home and host country patent generation in Chinese MNEs undertaking strategic asset acquisitions in developed markets [J]. International Business Review, 2015, 24 (5): 758 –771.

[6] Ang S H, Michailova S. Emerging economies firms'expansion in the European Union: acquisitions vs. alliances [J]. European Journal of International Man-agement, 2007, 1 (4): 315 –328.

[7] Arik E, Kutan A M. Do Mergers and Acquisitions Create Wealth Effects? Evi-dence from Twenty Emerging Markets [J]. Eastern European Economics, 2015, 53 (6): 529 –550.

[8] Ataullah A, et al. Empoyee productivity, employment growth and the cross – border acquisitions by emerging market firms [J]. Human Resource Manage-ment, 2014, 53 (6): 987 –1004.

[9] Aulakh T S, et al. Delayed presentation of arteriovenous fistula 20 years after blunt renal trauma [J]. International Urology And Nephrology, 2007, 39 (3): 713 –715.

[10] Aureli S. Performance of unlisted Italian companies acquired by multinationals from emerging markets: The case of Indian acquisitions [J]. Journal of Or-

ganizational Change Management, 2015, 28 (5): 895 – 924.

[11] Aybar B, Ficici A. Cross – border acquisitions and firm value: An analysis of emerging – market multinationals [J]. Journal of International Business Studies, 2009, 40 (8): 1317 – 1338.

[12] Aybar B, Thanakijsombat T. Financing decisions and gains from cross – border acquisitions by emerging – market acquirers [J]. Emerging Markets Review, 2015, 24: 69 – 80.

[13] Balconi M, Pozzali A, Viale R. The "codification debate" revisited: a conceptual framework to analyze the role of tacit knowledge in economics [J]. Industrial & Corporate Change, 2007, 16 (16): 823 – 849.

[14] Barkema H G, Vermeulen F. What Differences in the Cultural Backgrounds of Partners Are Detrimental for International Joint Ventures? [J]. Journal of International Business Studies, 1997, 28 (4): 845 – 864.

[15] Bhagat S, et al. Emerging country cross – border acquisitions: Characteristics, acquirer returns and cross – sectional determinants [J]. Emerging Markets Review, 2011, 12 (3): 250 – 271.

[16] Black E L, et al. Gains to Chinese Bidder Firms: Domestic vs. Foreign Acquisitions [J]. European Financial Management, 2015, 21 (5): 905 – 935.

[17] Bloom N, Eifert B, Mahajan A, et al. Does Management Matter? Evidence from India [J]. Quarterly Journal of Economics, 2013, 128 (1): 1 – 51.

[18] Bo B N, Nielsen S. Top management team nationality diversity and firm performance: A multilevel study [J]. Strategic Management Journal, 2013, 34 (3): 373 – 382.

[19] Boateng A, et al. Cross – border M&As by Chinese firms: An analysis of strategic motives and performance [J]. Thunderbird International Business Review, 2008, 50 (4): 259 – 270.

[20] Bollhorn K. Acquisitions of German companies by Chinese and Indian corporations: a threat to employment and knowledge retention? [J]. Erde, 2015, 146 (1): 16 – 20.

[21] Bollhorn K, Franz M. Production Network Knowledge as A Foundation for Resistance: Workers Influence on A Chinese Acquisition in Germany [J]. Ti-

jdschrift Voor Economische En Sociale Geografie, 2016, 107 (4): 407 – 420.

[22] Buckley P J, et al. Acquisitions from emerging countries: what factors influence the performance of target firms in advanced countries? [J]. European Journal of International Management, 2010, 4 (1/2): 30 – 47.

[23] Buckley P J, et al. Acquisitions by emerging market multinationals: Implications for firm performance [J]. Journal of World Business, 2014, 49 (4): 611 – 632.

[24] Buckley P J, Munjal S. The Role of Local Context in the Cross – border Acquisitions by Emerging Economy Multinational Enterprises [J]. British Journal of Management, 2017, 28 (3): 372 – 389.

[25] Buckley P J, et al. The Institutional Influence on the Location Strategies of Multinational Enterprises from Emerging Economies: Evidence from China's Cross – border Mergers and Acquisitions [J]. Management and Organization Review, 2016, 12 (3): 425 – 448.

[26] Busch A, Graham T. Allison: Essence of decision. Explaining the Cuban missile crisis [M]. Boston: Little, Brown and Company, 1971.

[27] Cabrita M D R, Vaz J L D, Bontis N. Modelling the creation of value from intellectual capital: a Portuguese banking perspective [J]. International Journal of Knowledge & Learning, 2007, 3 (2/3): 266 – 280.

[28] Carpenter M A, Sanders G, Gregersen H B. Bundling Human Capital with Organizational Context: The Impact of International Assignment Experience on Multinational Firm Performance and CEO Pay [J]. Academy of Management Journal, 2001, 44 (3): 493 – 511.

[29] Castro G M, López – Sáez P, Delgado – Verde M. Towards a knowledge – based view of firm innovation. Theory and empirical research [J]. Journal of Knowledge Management, 2011, 15 (6): 871 – 874.

[30] Chari A, et al. Foreign Ownership and Firm Performance: Emerging Market Acquisitions in the United States [J]. Imf Economic Review, 2012, 60 (1): 1 – 42.

[31] Chari M, Acikgoz S. What drives emerging economy firm acquisitions in tax

havens？[J]. Journal of Business Research, 2016, 69 (2): 664 – 671.

[32] Chen H L, Hsu W T, Chang C Y. Independent directors' human and social capital, firm internationalization and performance implications: An integrated agency – resource dependence view [J]. International Business Review, 2016, 25 (4): 859 – 871.

[33] Chen F Q, et al. Integration and autonomy in Chinese technology – sourcing cross – border M&As: from the perspective of resource similarity and resource complementarity [J]. Technology Analysis & Strategic Management, 2017, 29 (9): 1002 – 1014.

[34] Chen F Q, Wang Y. Integration risk in cross – border M&A based on internal and external resource: empirical evidence from China [J]. Quality & Quantity, 2014, 48 (1): 281 – 295.

[35] Chen F Q, Xu Y M. Democratization in the host country and institutional risk of cross – border M&A: an empirical study on Chinese listed enterprises [J]. Quality & Quantity, 2014, 48 (2): 1013 – 1025.

[36] Chen Y A Y, Young M N. Cross – border mergers and acquisitions by Chinese listed companies: A principal –principal perspective [J]. Asia Pacific Journal of Management, 2010, 27 (3): 523 – 539.

[37] Chikamoto K, et al. Cross – border M&As and firm value: a comparison of China – and US – Japan M&As [J]. Contemporary Economic Policy, 2016, 34 (2): 352 – 368.

[38] Child J, Marinova S. The Role of Contextual Combinations in the Globalization of Chinese Firms [J]. Management and Organization Review, 2014, 10 (3): 347 – 371.

[39] Coeurdacier N, et al. Cross – border mergers and acquisitions and European integration [J]. Economic Policy, 2009, 24 (57): 55 – 106.

[40] Conner, Michael A. Influence of mica content on the engineering properties of sand [C]// International Symposium on Experimental Robotics II. Berlin: Springer – Verlag, 1991: 35 – 48.

[41] Daily C M, Johnson J L. Sources of CEO power and firm financial performance: A longitudinal assessment [J]. Journal of Management, 1997, 23

(2): 97 - 117.

[42] Dai O, Liu X. Returnee entrepreneurs and firm performance in Chinese high - technology industries [J]. International Business Review, 2009, 18 (4): 373 - 386.

[43] Dashti, Y, Schwartz D. The role and contribution of networks in M&A of innovative ventures: Can lessons learned from networks of Israeli start - ups be applied by China? [J]. Technology Analysis & Strategic Management, 2015, 27 (6): 628 - 645.

[44] Spence B. The Never Ending Story: The Constitutionality of Superfund's Retroactive Liability Regime [J]. Environmental Law Reporter, 2002 (32): 11284 - 11298.

[45] De Beule F, Duanmu J L. Locational determinants of internationalization: A firm - level analysis of Chinese and Indian acquisitions [J]. European Management Journal, 2012, 30 (3): 264 - 277.

[46] De Beule F, Sels A. Do innovative emerging market cross - border acquirers create more shareholder value? Evidence from India [J]. International Business Review, 2016, 25 (2): 604 - 617.

[47] Dean A, Kretschmer M. Can Ideas Be Capital? Factors of Production in the Postindustrial Economy: A Review and Critique [J]. Academy of Management Review, 2007, 32 (2): 573 - 594.

[48] Deng P. What determines performance of cross - border M&As by Chinese companies? An absorptive capacity perspective [J]. Thunderbird International Business Review, 2010, 52 (6): 509 - 524.

[49] Deng P, Yang M. Cross - border mergers and acquisitions by emerging market firms: A comparative investigation [J]. International Business Review, 2015, 24 (1): 157 - 172.

[50] Drake M S, et al. The Media and Mispricing: The Role of the Business Press in the Pricing of Accounting Information [J]. Accounting Review, 2014, 89 (5): 1673 - 1701.

[51] Du M, Boateng A. State ownership, institutional effects and value creation in cross - border mergers & acquisitions by Chinese firms [J]. International

Business Review, 2015, 24 (3): 430 –442.

[52] Duan T, Hou W. The Curse of Returnee CEOs [J/OL]. Social Science Electronic Publishing, 2014.

[53] Dunning J, Lundan S. Institutions and the OLI paradigm of the multinational enterprise [J]. Asia Pacific Journal of Management, 2008, 25 (4): 573 – 593.

[54] Edamura K, et al. Impact of Chinese cross – border outbound M&As on firm performance: Econometric analysis using firm – level data [J]. China Economic Review, 2014, 30: 169 –179.

[55] Eisenhardt K M, Martin J A. Dynamic Capabilities: What Are They? [J]. Strategic Management Journal, 2000, 21 (10/11): 1105 –1121.

[56] Elango B, Pattnaik C. Learning Before Making the Big Leap Acquisition Strategies of Emerging Market Firms [J]. Management International Review, 2011, 51 (4): 461 –481.

[57] Elia S, Santangelo G D. The evolution of strategic asset – seeking acquisitions by emerging market multinationals [J]. International Business Review, 2017, 26 (5): 855 –866.

[58] Elsbach K D, Sutton R I. Acquiring Organizational Legitimacy through Illegitimate Actions: A Marriage of Institutional and Impression Management Theories [J]. Academy of Management Journal, 1992, 35 (4): 699 –738.

[59] Felin T, Hesterly W S. The Knowledge – Based View, Nested Heterogeneity and New Value Creation: Philosophical Considerations on the Locus of Knowledge [J]. Academy of Management Review, 2007, 32 (1): 195 –218.

[60] Filatotchev I, Liu X, Lu J, et al. Knowledge spillovers through human mobility across national borders: Evidence from Zhongguancun Science Park in China [J]. Research Policy, 2011, 40 (3): 453 –462.

[61] Finkelstein S, Hambrick D C. Top management team tenure and organizational outcomes: The moderating role of managerial discretion [J]. Administrative Science Quarterly, 1990 (35): 484 –503.

[62] Finkelstein S. Power in top management teams: Dimensions, measurement and validation [J]. Academy of Management Journal, 1992, 35 (3): 505.

［63］ Finkelstein S, Hambrick D C, Cannella A A. Strategic leadership: theory and research on executives, top management teams and boards ［M］. Oxford University Press, 2008.

［64］ Gaffney N, et al. Emerging market MNE cross – border acquisition equity participation: The role of economic and knowledge distance ［J］. International Business Review, 2016, 25 (1): 267 – 275

［65］ Gaur A S, et al. Acquisition announcements and stock market valuations of acquiring firms'rivals: A test of the growth probability hypothesis in China ［J］. Strategic Management Journal, 2013, 34 (2): 215 – 232.

［66］ Giannetti M, et al. The Brain Gain of Corporate Boards: Evidence from China ［J］. Journal of Finance, 2015, 70 (4): 1629 – 1682.

［67］ Godart F C, et al. Fashion with a foreign flair: Professional experiences abroad facilitate the creative innovations of organizations ［J］. Academy of Management Journal, 2015, 58 (1): 195 – 220.

［68］ Grant R M. Toward a knowledge – based theory of the firm ［J］. Strategic Management Journal, 1996, 17 (S2): 109 – 122.

［69］ Grinstein Y, Hribar P. CEO compensation and incentives: Evidence from M&A bonuses ［J］. Journal of Financial Economics, 2004, 73 (1): 119 – 143.

［70］ Gross M J, et al. Chinese hotel firm internationalisation: JinJiang's joint venture acquisition ［J］. International Journal of Contemporary Hospitality Management, 2017, 29 (11): 2730 – 2750.

［71］ Gu L L, Reed W R. Chinese overseas M&A performance and the Go Global policy ［J］. Economics of Transition, 2013, 21 (1): 157 – 192.

［72］ Gu L L, Reed W R. Does financing of Chinese mergers and acquisitions have "Chinese characteristics"? ［J］. Economics Letters, 2016 (139): 11 – 14.

［73］ Gubbi S R, et al. Do international acquisitions by emerging – economy firms create shareholder value? The case of Indian firms ［J］. Journal of International Business Studies, 2010, 41 (3): 397 – 418.

［74］ Guo W X, et al. Why Are Chinese MNES Not Financially Competitive in Cross – border Acquisitions? The Role of State Ownership ［J］. Long Range

Planning, 2016, 49 (5): 614 – 631.

[75] Haleblian J, et al. Taking Stock of What We Know About Mergers and Acquisitions: A Review and Research Agenda [J]. Journal of Management, 2009, 35 (3): 469 – 502.

[76] Haleblian J, Finkelstein S. The Influence of Organizational Acquisition Experience on Acquisition Performance: A Behavioral Learning Perspective [J]. Administrative Science Quarterly, 1999, 44 (1): 29 – 56.

[77] Hambrick D C, Mason P A. Upper Echelons: The Organization as a Reflection of Its Top Managers [J]. Academy of Management Review, 1984, 9 (2): 193 – 206.

[78] Hambrick D C. Upper echelons theory: an update [J]. Academy of Management Review, 2007, 32 (2): 334 – 343.

[79] Hitt M A, Dacin M T, Levitas E. Partner selection in emerging and developed market contexts: resource – based and organizational learning perspectives [J]. Academy of Management Journal, 2000, 43 (3): 449 – 467.

[80] Heckman J J Sample selection bias as a specification error [J]. Econometrica, 1979, 47 (1): 153 – 161.

[81] Heron R, Lie E. Operating Performance and the Method of Payment in Takeovers [J]. Journal of Financial & Quantitative Analysis, 2002, 37 (1): 137 – 155.

[82] Hoopes D G, et al. Guest editors' introduction to the special issue: why is there a resource – based view? Toward a theory of competitive heterogeneity [J]. Strategic Management Journal, 2003, 24 (10): 889 – 902.

[83] Hope O K, et al. Financial Reporting Quality of U. S. Private and Public Firms [J]. The Accounting Review, 2013, 88 (5): 1715.

[84] Hoskisson R E, Eden L, Lau C M, et al. Strategy in Emerging Economies [J]. Academy of Management Journal, 2000, 43 (3): 249 – 267.

[85] Hu N, et al. Determinants of Chinese Cross – Border M&As [J]. Annals of Economics and Finance, 2016, 17 (1): 209 – 233.

[86] Hu S H, et al. Effects of Internal Governance Factors on Cross – Border – Related Party Transactions of Chinese Companies [J]. Emerging Markets Fi-

nance and Trade, 2012 (48): 58 –73.

[87] Jemison D B, Sitkin S B. Corporate Acquisitions: A Process Perspective [J]. Academy of Management Review, 1986, 11 (1): 145 –163.

[88] Jongwanich J, et al. Cross – border Mergers and Acquisitions and Financial Development: Evidence from Emerging Asia [J]. Asian Economic Journal, 2013, 27 (3): 265 –284.

[89] Kenney M, Dan B, Murphree M. Coming back home after the sun rises: Returnee entrepreneurs and growth of high tech industries [J]. Research Policy, 2013, 42 (2): 391 –407.

[90] Kim B J, Jung J Y. Cross – Border M&As Involving an Emerging Market [J]. Emerging Markets Finance and Trade, 2016, 52 (11): 2454 –2472.

[91] King D R, et al. Meta – analyses of post – acquisition performance: indications of unidentified moderators [J]. Strategic Management Journal, 2004, 25 (2): 187 –200.

[92] Kirmani A, Rao A R. No Pain, No Gain: A Critical Review of the Literature on Signaling Uno [J]. Journal of Marketing, 2000, 64 (2): 66 –79.

[93] Klimek A. Greenfield Foreign Direct Investment Versus Cross – Border Mergers and Acquisitions: The Evidence of Multinational Firms from Emerging Countries [J]. Eastern European Economics, 2011, 49 (6): 60 –73.

[94] Klimek A. Results of Cross – Border Mergers and Acquisitions by Multinational Corporations from Emerging Countries: The Case of Poland [J]. Eastern European Economics, 2014, 52 (4): 92 –104.

[95] Kogut B. The Network as Knowledge: Generative Rules and the Emergence of Structure [J]. Strategic Management Journal, 2000, 21 (3): 405 –425.

[96] Kogut B, Zander U. Knowledge of the Firm: Combinative Capabilities and the Replication of Technology [J]. Organization Science, 1992 (3): 383 –397.

[97] Kogut B, Zander U. A memoir and reflection: knowledge and an evolutionary theory of the multinational firm 10 years later [J]. Journal of International Business Studies, 2003, 34 (6): 505 –515.

[98] Kohli R, Mann B J S. Analyzing determinants of value creation in domestic

and cross border acquisitions in India [J]. International Business Review, 2012, 21 (6): 998 – 1016.

[99] Kumar, N. How Emerging Giants Are Rewriting the Rules of M&A [J]. Harvard Business Review, 2009, 87 (5): 115.

[100] Lahiri S, et al. Cross – border acquisition in services: Comparing ownership choice of developed and emerging economy MNEs in India [J]. Journal of World Business, 2014, 49 (3): 409 – 420.

[101] Lan S, et al. The long – term performance of cross – border mergers and acquisitions Evidence from the Chinese stock market [J]. Chinese Management Studies, 2015, 9 (3): 385 – 400.

[102] Lane P J, et al. The reification of absorptive capacity: a critical review and rejuvenation of the construct [J]. Academy of Management Review, 2006, 31 (4): 833 – 863.

[103] Lang L H P, Stulz R, Walkling R A. Managerial performance, Tobin's Q and the gains from successful tender offers [J]. Journal of Financial Economics, 1989, 24 (1): 137 – 154.

[104] Lebedev S, et al. Mergers and acquisitions in and out of emerging economies [J]. Journal of World Business, 2015, 50 (4): 651 – 662.

[105] Lee J H, Roberts M J D. International returnees as outside directors: A catalyst for strategic adaptation under institutional pressure [J]. International Business Review, 2014, 24 (4): 594 – 604.

[106] Lee Y, et al. What drives the international ownership strategies of Chinese firms? The role of distance and home – country institutional factors in outward acquisitions [J]. Asian Business & Management, 2014, 13 (3): 197 – 225.

[107] Li H, et al. Returnees Versus Locals: Who Perform Better in China's Technology Entrepreneurship? [J]. Strategic Entrepreneurship Journal, 2012, 6 (3): 257 – 272.

[108] Li J, et al. Cross – border acquisitions by state – owned firms: How do legitimacy concerns affect the completion and duration of their acquisitions? [J]. Strategic Management Journal, 2017, 38 (9): 1915 – 1934.

[109] Li J T, et al. Do cross – border acquisitions create value? Evidence from o-verseas acquisitions by Chinese firms [J]. International Business Review, 2016, 25 (2): 471 –483.

[110] Li J T, Wan G G. China's Cross – border Mergers and Acquisitions: A Con-textual Distance Perspective [J]. Management and Organization Review, 2016, 12 (3): 449 –456.

[111] Li J T, Xie Z Z. Examining the Cross – Border Acquisition Strategy of Chi-nese Companies: The Moderating Roles of State Ownership and Institutional Transition [J]. Journal of Leadership & Organizational Studies, 2013, 20 (4): 436 –447.

[112] Lim S H. How Chinese Foreign Direct Investment Can Achieve Success in Korea: M&A Deals in the Automotive and Semiconductor Industries [J]. Issues & Studies, 2008, 44 (3): 177 –204.

[113] Liu Q, et al. Foreign Acquisitions in China and Multinationals' Global Market Strategy [J]. Review of Development Economics, 2016, 20 (1): 87 –100.

[114] Liu X H, Zou H. The Impact of Greenfield FDI and Mergers and Acquisi-tions on Innovation in Chinese High – tech Industries [J]. Journal of World Business, 2008, 43 (3): 352 –364.

[115] Loughran T, Vijh A M. Do Long – Term Shareholders Benefit From Corpo-rate Acquisitions? [J]. Journal of Finance, 1997, 52 (5): 1765 –1790.

[116] Luo Y, Tung R L. International Expansion of Emerging Market Enterprises: A Springboard Perspective [J]. Journal of International Business Studies, 2007, 38 (4): 481 –498.

[117] Madhok A, Keyhani M. Acquisitions as entrepreneurship: A Ssymmertries, Opportunities and The Internationalization of Multinationals from Emerging Economics [J]. Global Strategy Journal, 2012, 2 (1): 26 –40.

[118] Malhotra S, et al. A comparative analysis of the role of national culture on foreign market acquisitions by US firms and firms from emerging countries [J]. Journal of Business Research, 2011, 64 (7): 714 –722.

[119] Masulis R W, Wang C, Xie F. Globalizing the boardroom: The effects of foreign directors on corporate governance and firm performance [J]. Journal

of Accounting & Economics, 2012, 53 (3): 527 – 554.

[120] McCarthy K J, et al. The First Global Merger Wave and the Enigma of Chinese Performance [J]. Management and Organization Review, 2016, 12 (2): 221 – 248.

[121] McGuire S T, et al. Tax Avoidance: Does Tax – Specific Industry Expertise Make a Difference? [J]. Accounting Review, 2012, 87 (3): 975 – 1003.

[122] McNamara G M, et al. The performance implications of participating in an acquisition wave: Early mover advantages, bandwagon effects and the moderating influence of industry characteristics and acquirer tactics [J]. Academy of Management Journal, 2008, 51 (1): 113 – 130.

[123] Minbaeva D B, Muratbekova – Touron M. Experience of Canadian and Chinese acquisitions in Kazakhstan [J]. International Journal of Human Resource Management, 2011, 22 (14): 2946 – 2964.

[124] Mintzberg H. Structure in fives: Designing effective organizations [M]. Englewood Cliffs N J: Prentice – hall, 1983.

[125] Moeller S B, et al. Firm size and the gains from acquisitions [J]. Journal of Financial Economics, 2004, 73 (2): 201 – 228.

[126] Narayan P C, Thenmozhi M. Do cross – border acquisitions involving emerging market firms create value Impact of deal characteristics [J]. Management Decision, 2014, 52 (8): 1451 – 1473.

[127] Nelson P. Information and Consumer Behavior [J]. Journal of Political Economy, 1970, 78 (2): 311 – 329.

[128] Nelson R R, Winter S G. An evolutionary theory of economic change [M]. Cambrige, MA: Harvard University Press, 1982.

[129] Nicholson R R, Salaber J. The motives and performance of cross – border acquirers from emerging economies: Comparison between Chinese and Indian firms [J]. International Business Review, 2013, 22 (6): 963 – 980.

[130] Nielsen S, Nielsen B B. Why Do Firms Employ Foreigners on Their Top Management Teams? A Multilevel Exploration of Individual and Firm Level Antecedents [J/OL]. SSRN Electronic Journal, 2008.

[131] Ning L T, et al. International investors' reactions to cross – border acquisi-

tions by emerging market multinationals〔J〕. International Business Review, 2014, 23 (4): 811 –823.

[132] Nonaka I. A Dynamic Theory of Organizational Knowledge Creation〔J〕. Organization Science, 1994, 5 (1): 14 –37.

[133] North D C. Institutions, Institutional Change and Economic Performance〔M〕. Cambridge: Cambridge University Press, 1990.

[134] Okhuysen G A, Eisenhardt K M. Integrating Knowledge in Groups: How Formal Interventions Enable Flexibility〔J〕. Organization Science, 2002, 13 (4): 370 –386.

[135] Oliver R L. Satisfaction: A Behavioral Perspective on the Consumer: 2nd ed.〔M〕. New York: McGraw –Hill, 1997.

[136] Panibratov A. Cultural and organizational integration in cross –border M&A deals The comparative study of acquisitions made by EMNEs from China and Russia〔J〕. Journal of Organizational Change Management, 2017, 30 (7): 1109 –1135.

[137] Park B I, Choi J. Control mechanisms of MNEs and absorption of foreign technology in cross –border acquisitions〔J〕. International Business Review, 2014, 23 (1): 130 –144.

[138] Peng M W. Making M&A fly in China〔J〕. Harvard Business Review, 2006, 84 (3): 26 –37.

[139] Peteraf M A, Barney J B. Unraveling The Resource –Based Tangle〔J〕. Managerial & Decision Economics, 2003, 24 (4): 309 –323.

[140] Pettigrew A M. The Politics of Organizational Decision –Making〔M〕. Tavistock: Van Gorcum, 1973.

[141] Pfeffer J. Management as Symbolic Action: The Creation and Maintenance of Organizational Paradigm〔M〕// Cummings L, Staw B. In Research in Organizational Behavour. Greenwich, CT: JAI Press, 1981.

[142] Popli M, Sinha A K. Determinants of early movers in cross –border merger and acquisition wave in an emerging market: A study of Indian firms〔J〕. Asia Pacific Journal of Management, 2014, 31 (4): 1075 –1099.

[143] Polanyi M. The Logic of Tacit Inference〔J〕. Philosophy, 1966, 41

（155）：1 - 18.

[144] Porter David A. Phase transformations in metals and alloys [M]. New York: Van Nostrand Reinhold inc, 1981.

[145] Rao - Nicholson R, Khan Z. Standardization versus adaptation of global marketing strategies in emerging market cross - border acquisitions [J]. International Marketing Review, 2017, 34 (1): 138 - 158.

[146] Rao - Nicholson R, et al. The impact of leadership on organizational ambidexterity and employee psychological safety in the global acquisitions of e-merging market multinationals [J]. International Journal of Human Resource Management, 2016, 27 (20): 2461 - 2487.

[147] Rao - Nicholson R, et al. Making great minds think alike: Emerging market multinational firms' leadership effects on targets' employee psychological safety after cross - border mergers and acquisitions [J]. International Business Review, 2016, 25 (1): 103 - 113.

[148] Reddy K S, et al. Cross - border acquisitions by state - owned and private enterprises: A perspective from emerging economies [J]. Journal of Policy Modeling, 2016, 38 (6): 1147 - 1170.

[149] Roth K. Managing International Interdependence: CEO Characteristics in a Resource - Based Framework [J]. Academy of Management Journal, 1995, 38 (1): 200 - 231.

[150] Rui H C, Yip G S. Foreign acquisitions by Chinese firms: A strategic intent perspective [J]. Journal of World Business, 2008, 43 (2): 213 - 226.

[151] Rumelt R P, et al. Fundamental Issues in Strategy: A Research Agenda [M]. Boston, MA: Harvard Business School Press, 1995.

[152] Sambharya R B. Foreign experience of top management teams and international diversification strategies of U. S. multinational corporation [J]. Strategic Management Journal, 1996, 17 (9): 739 - 746.

[153] Shleifer A, Vishny R W. A Survey of Corporate Governance [J]. Journal of Finance, 1997, 52 (2): 737 - 783.

[154] Simonin B L. Ambiguity and the Process of Knowledge Transfer in Strategic Alliances [J]. Strategic Management Journal, 1999, 20 (7): 595 - 623.

[155] Scott, W R. Institutions and Organizations. Ideas, Interests and Identities [M]. Thousand oaks, CA: SAGEP Publication inc. , 2014.

[156] Song J, Almeida P. Learning – by – Hiring: When Is Mobility More Likely to Facilitate Interfirm Knowledge Transfer? [J]. Management Science, 2003, 49 (4): 351 – 365.

[157] Spence M. Job market signaling [J]. Quarterly Journal of Economics, 1973, 87 (3): 355 – 374.

[158] Spence M. Signaling in Retrospect and the Informational Structure of Markets [J]. American Economic Review, 2002, 92 (3): 434 – 459.

[159] Spence M, Zeckhauser R. Insurance, Information and Individual Action [J]. American Economic Review, 1971, 61 (2): 380 – 387.

[160] Stucchi T. Emerging market firms' acquisitions in advanced markets: Matching strategy with resource – , institution – and industry – based antecedents [J]. European Management Journal, 2012, 30 (3): 278 – 289.

[161] Szulanski G, Cappetta R, Jensen R J. When and How Trustworthiness Matters: Knowledge Transfer and the Moderating Effect of Causal Ambiguity [J]. organization science, 2004, 15 (5): 600 – 613.

[162] Sun S L, et al. A comparative ownership advantage framework for cross – border M&As: The rise of Chinese and Indian MNEs [J]. Journal of World Business, 2012, 47 (1): 4 – 16.

[163] Tao F, et al. Do cross – border mergers and acquisitions increase short – term market performance? The case of Chinese firms [J]. International Business Review, 2017, 26 (1): 189 – 202.

[164] Organizations in action: Social science bases of administrative theory [M]. New York: McGraw – Hill, 1967.

[165] Teece D J. The role of managers, entrepreneurs and the literati in enterprise performance and economic growth [J]. International Journal of Technological Learning Innovation and Development, 2007, 1 (1): 43 – 64.

[166] Tepper B J. Consequences of Abusive Supervision [J]. Academy of Management Journal, 2000, 43 (2): 178 – 190.

[167] Tihanyi L L T, et al. Composition of the Top Management Team and Firm

International Diversification [J]. Journal of Management, 2000, 26 (6): 1157 –1177.

[168] Tingley D, et al. The Political Economy of Inward FDI: Opposition to Chinese Mergers and Acquisitions [J]. Chinese Journal of International Politics, 2015, 8 (1): 27 –57.

[169] Tseng C Y, Jian J Y. Board members' educational backgrounds and branding success in Taiwanese firms [J]. Asia Pacific Management Review, 2016, 21 (2): 111 –124.

[170] Uysal V B. Deviation from the target capital structure and acquisition choices [J]. Journal of Financial Economics, 2011, 102 (3): 602 –620.

[171] Wan W P, Hoskisson R E. Home country environments, corporate diversification strategies and firm performance [J]. Academy of Management Journal, 2003, 46 (1): 27 –45.

[172] Wang H, Duan T, Hou W. Returnees' Influences on China: A Business Perspective (1850s to 1940s) [J/OL]. Social Science Electronic Publishing, 2014.

[173] Wang S, Noe R A. Knowledge sharing: A review and directions for future research [J]. Human Resource Management Review, 2010, 20 (2): 115 –131.

[174] Wernerfelt B A. Resource – Based View of the Firm [J]. Strategic Management Journal, 1984, 5 (2): 171 –180.

[175] Williamson P J. Chinese Acquisitions in Europe: Absorptive Capacity and Impacts on Competitive Advantage [J]. Uluslararasi Iliskiler – International Relations, 2016, 13 (49): 61 –83.

[176] Williamson P J, Raman A P. How China Reset Its Global Acquisition Agenda [J]. Harvard Business Review, 2011, 89 (4): 109 –114.

[177] Winter S G. Understanding dynamic capabilities [J]. Strategic Management Journal, 2003, 24 (10): 991 –995.

[178] Wright P, et al. The structure of ownership and corporate acquisition strategies [J]. Strategic Management Journal, 2002, 23 (1): 41.

[179] Xing Y J, et al. Servitization in mergers and acquisitions: Manufacturing firms venturing from emerging markets into advanced economies [J]. International Journal of Production Economics, 2017 (192): 9 – 18.

[180] Yang H, et al. A multilevel framework of firm boundaries: firm characteristics, dyadic differences and network attributes [J]. Strategic Management Journal, 2010, 31 (3): 237 – 261.

[181] Yang L Y, Zhang J J. Political Connections, Government Intervention and Acquirer Performance in Cross – border Mergers and Acquisitions: an Empirical Analysis Based on Chinese Acquirers [J]. World Economy, 2015, 38 (10): 1505 – 1525.

[182] Yang M. Isomorphic or not? Examining cross – border mergers and acquisitions by Chinese firms (1985 – 2006) [J]. Chinese Management Studies, 2009, 3 (1): 43 – 57.

[183] Yang M. Ownership participation of cross – border mergers and acquisitions by emerging market firms Antecedents and performance [J]. Management Decision, 2015, 53 (1): 221 – 246.

[184] Yang M, Hyland M. Similarity in Cross – border Mergers and Acquisitions: Imitation, Uncertainty and Experience among Chinese Firms (1985 – 2006) [J]. Journal of International Management, 2012, 18 (4): 352 – 365.

[185] Yoon H, Lee J J. Technology – acquiring cross – border M&As by emerging market firms: role of bilateral trade openness [J]. Technology Analysis & Strategic Management, 2016, 28 (3): 251 – 265.

[186] Young M N. Commentary on the Enigma of Chinese Performance: Do Chinese Investors' Reactions to Merger Announcements Accurately Reflect Prospects for Success? [J]. Management and Organization Review, 2016, 12 (2): 249 – 257.

[187] Zaheer S. Overcoming the liability of foreignness [J]. Academy of Management Journal, 1995, 38 (2): 341 – 363.

[188] Zhang J H, et al. Completion of Chinese overseas acquisitions: Institutional

perspectives and evidence [J]. International Business Review, 2011, 20 (2): 226 –238.

[189] Zhang Z X. The overseas acquisitions and equity oil shares of Chinese national oil companies: A threat to the West but a boost to China's energy security? [J]. Energy Policy, 2012, 48 (9): 698 –701.

[190] Zheng N, et al. In search of strategic assets through cross – border merger and acquisitions: Evidence from Chinese multinational enterprises in developed economies [J]. International Business Review, 2016, 25 (1): 177 –186.

[191] Zhou C H, et al. The internationalization of Chinese industries: Overseas acquisition activity in Chinese mining and manufacturing industries [J]. Asian Business & Management, 2014, 13 (2): 89 –116.

[192] Zhou C X, et al. Failure to Complete Cross – Border M&As: "To" vs. "From" Emerging Markets [J]. Journal of International Business Studies, 2016, 47 (9): 1077 –1105.

[193] Zhou J, et al. The value of institutional shareholders Evidence from cross – border acquisitions by Chinese listed firms [J]. Management Decision, 2016, 54 (1): 44 –65.

[194] Zhu H, Zhu Q. Mergers and acquisitions by Chinese firms: A review and comparison with other mergers and acquisitions research in the leading journals [J]. Asia Pacific Journal of Management, 2016, 33 (4): 1107 –1149.

[195] Zhu H M, Zhang S T, Lang Y J. Simulation study on the effect of employee mobility on the spreading of tacit knowledge among industrial enterprises based on the knowledge spreading model [J]. Journal of Digital Information Management, 2015, 13 (6): 445 –450.

[196] Zhu P C, Jog V. Impact on Target Firm Risk – Return Characteristics of Domestic and Cross – Border Mergers and Acquisitions in Emerging Markets [J]. Emerging Markets Finance and Trade, 2012, 48 (4): 79 –101.

[197] Zhu P C, et al. Idiosyncratic volatility and mergers and acquisitions in emerging markets [J]. Emerging Markets Review, 2014 (19): 18 –48.

[198] Zollo M. Superstitious Learning with Rare Strategic Decisions: Theory and

Evidence from Corporate Acquisitions ［J］. Organization Science. 2009，20
（5）：894 –908.

［199］ Zweig D. Competing for talent：China's strategies to reverse the brain drain
［J］. International Labour Review，2006，145（1/2）：65 –90.

［200］ 程聪，贾良定. 我国企业跨国并购驱动机制研究：基于清晰集的定性
比较分析 ［J］. 南开管理评论，2016（6）：113 –121.

［201］ 程聪，谢洪明，池仁勇. 中国企业跨国并购的组织合法性聚焦：内部，
外部，还是内部 + 外部？［J］. 管理世界，2017（4）：158 –173.

［202］ 程惠芳，张孔宇. 中国上市公司跨国并购的财富效应分析 ［J］. 世界
经济，2006（12）：74 –80.

［203］ 戴翔，韩剑，张二震. 集聚优势与中国企业"走出去"［J］. 中国工业
经济，2013（2）：117 –129.

［204］ 丁德明，茅宁，廖飞. 组织惯性、激励机制与新型企业的治理实践
［J］. 经济管理，2007（5）：39 –43.

［205］ 顾露露，Reed R. 中国企业海外并购失败了吗？［J］. 经济研究，2011
（7）：116 –129.

［206］ 郭锐，陶岚，汪涛，等. 民族品牌跨国并购后的品牌战略研究：弱势
品牌视角 ［J］. 南开管理评论，2012（3）：42 –50.

［207］ 洪联英，陈思，韩峰. 海外并购、组织控制与投资方式选择：基于中
国的经验证据 ［J］. 管理世界，2015（10）：40 –53.

［208］ 黄嫚丽，张慧如，刘朔. 中国企业并购经验与跨国并购股权的关系研
究 ［J］. 管理学报，2017（8）：1134 –1142.

［209］ 贾镜渝，李文. 距离、战略动机与中国企业跨国并购成败：基于制度
和跳板理论 ［J］. 南开管理评论，2016（6）：122 –132.

［210］ 姜付秀，伊志宏，苏飞，等. 管理者背景特征与企业过度投资行为
［J］. 管理世界，2009（1）：130 –139.

［211］ 李梅，余天骄. 东道国制度环境与海外并购企业的创新绩效 ［J］. 中
国软科学，2016（11）：137 –151.

［212］ 李善民，李昶. 跨国并购还是绿地投资？FDI 进入模式选择的影响因
素研究 ［J］. 经济研究，2013（12）：134 –147.

[213] 李诗, 吴超鹏. 中国企业跨国并购成败影响因素实证研究: 基于政治和文化视角 [J]. 南开管理评论, 2016 (3): 18 – 30.

[214] 李维安, 刘振杰, 顾亮. 董事会异质性、断裂带与跨国并购 [J]. 管理科学, 2014 (4): 1 – 11.

[215] 刘青, 陶攀, 洪俊杰. 中国海外并购的动因研究: 基于广延边际与集约边际的视角 [J]. 经济研究, 2017 (1): 28 – 43.

[216] 刘文纲, 汪林生, 孙永波. 跨国并购中的无形资源优势转移分析: 以TCL集团和万向集团跨国并购实践为例 [J]. 中国工业经济, 2007 (3): 120 – 128.

[217] 刘学, 张阳. 海外项目的异质性与民营企业"走出去"战略风险防范 [J]. 管理世界, 2015 (11): 182 – 183.

[218] 潘爱玲. 跨国并购中文化整合的流程设计与模式选择 [J]. 南开管理评论, 2004 (6): 104 – 109.

[219] 潘勇辉. 跨国并购与经济增长的长短期关系研究: 基于中美的比较研究 [J]. 管理世界, 2007 (7): 152 – 153.

[220] 齐善鸿, 张堂珠, 程江. 跨国并购"经济 – 文化"综合博弈模型 [J]. 管理学报, 2013 (11): 1588 – 1595.

[221] 邵新建, 巫和懋, 肖立晟, 等. 中国企业跨国并购的战略目标与经营绩效: 基于 A 股市场的评价 [J]. 世界经济, 2012 (5): 81 – 105.

[222] 孙淑伟, 何贤杰, 赵瑞光, 等. 中国企业海外并购溢价研究 [J]. 南开管理评论, 2017 (3): 77 – 89.

[223] 王海. 中国企业海外并购经济后果研究: 基于联想并购 IBM PC 业务的案例分析 [J]. 管理世界, 2007 (2): 94 – 106.

[224] 王海忠, 陈增祥, 司马博. 跨国并购中品牌重置策略对新产品评价的影响机制研究 [J]. 中国工业经济, 2011 (11): 100 – 108.

[225] 王珏. 从 TCL 跨国并购视角看中国中小企业国际化战略 [J]. 管理世界, 2006 (3): 150 – 151.

[226] 王淑娟, 孙华鹏, 崔淼. 一种跨国并购渗透式文化整合路径: 双案例研究 [J]. 南开管理评论, 2015 (4): 47 – 59.

[227] 危平, 毛晓丹. 高管网络能否缓解企业跨国并购面临的融资约束: 来

自中国的经验证据 [J]. 国际贸易问题，2017（6）：83 - 93.

[228] 吴先明，苏志文. 将跨国并购作为技术追赶的杠杆：动态能力视角 [J]. 管理世界，2014（4）：146 - 164.

[229] 吴映玉，陈松. 新兴市场企业的技术追赶战略：海外并购和高管海外 经历的作用 [J]. 科学学研究，2017（9）：1378 - 1385.

[230] 吴中南. 中国企业跨国经营与"走出去"战略 [J]. 管理世界，2004 （2）：139 - 140.

[231] 阎大颖. 国际经验、文化距离与中国企业海外并购的经营绩效 [J]. 经济评论，2009（1）：83 - 92.

[232] 杨晨，王海忠，钟科. "示弱"品牌传记在"蛇吞象"跨国并购中的 正面效应 [J]. 中国工业经济，2013（2）：143 - 155.

[233] 杨丹辉，渠慎宁. 私募基金参与跨国并购：核心动机、特定优势及其 影响 [J]. 中国工业经济，2009（3）：120 - 129.

[234] 杨忠智. 跨国并购战略与对海外子公司内部控制 [J]. 管理世界，2011（1）：176 - 177.

[235] 叶建木，王洪运. 跨国并购风险链及其风险控制 [J]. 管理科学，2004（5）：64 - 68.

[236] 余鹏翼，王满四. 基于融资偏好视角的国内并购与海外并购内部影响 因素比较研究 [J]. 中国软科学，2014（9）：92 - 102.

[237] 张建红，周朝鸿. 中国企业走出去的制度障碍研究：以海外收购为例 [J]. 经济研究，2010（6）：80 - 91.

[238] 张意翔，胥朝阳，成金华. 基于 VaR 方法的中国石油企业跨国并购的 价格风险评价 [J]. 管理学报，2010（3）：440 - 444.

[239] 赵海龙，何贤杰，王孝钰，等. 海外并购能够改善中国企业公司治理 吗？[J]. 南开管理评论，2016（3）：31 - 39.

[240] 周泽将，刘中燕，平子瑶. 海归背景董事能否促进企业国际化？[J]. 经济管理，2017（7）：104 - 119.

附录一

我国国家层面及主要地区吸引
海外人才的政策汇总

国家层面及地区	政策名称	开始年份	政策具体内容
国家	海外高层次人才引进计划（简称"千人计划"）	2008	围绕国家发展战略目标，用5～10年，在国家重点创新项目、重点学科和重点实验室、中央企业和国有商业金融机构、以高新技术产业开发区为主的各类园区等，引进并有重点地支持一批能够突破关键技术、发展高新产业、带动新兴学科的战略科学家和领军人才回国创新创业
国家	《中央人才工作协调小组关于实施海外高层次人才引进计划的意见》	2009	要求各地区各部门进一步解放思想，完善体制机制，健全政策措施，以更宽的眼界、更宽的思路和更宽的胸襟做好海外高层次人才引进工作
国家	国家海外高层次人才引进计划管理办法	2017	围绕国家发展战略目标，重点引进一批自然科学、工程技术、哲学社会科学等领域高层次创新创业人才

国家层面及地区	政策名称	开始年份	政策具体内容
北京	《北京市鼓励海外高层次人才来京创业和工作的暂行办法》	2009	海外高层次人才来京创业和工作，北京市政府将给予引进人才每人100万元人民币的一次性奖励。用人单位、有关部门和区县负责配套必要资金，用于改善引进人才的工作、生活条件。除了北京市级财政给予一次性资助等政策，海外高层次人才来京创办企业，通过北京海外学人中心评估的，市政府各类创业投资引导基金给予优先支持；北京海外学人中心推荐申请国家或市级科研及产业化项目资金支持
	《北京市促进留学人员来京创业和工作的暂行办法》	2009	留学人员来京创办企业，可凭护照直接注册登记，注册资本金可按国家有关法律法规规定的最低标准执行。通过北京海外学人中心评审的，政府提供10万元企业开办费
	《北京市加强全国科技创新中心建设总体方案》	2016	实施更具吸引力的海外人才集聚政策，突破外籍人才永久居留和创新人才聘用、流动、评价激励等体制和政策"瓶颈"，推进中关村人才管理改革试验区建设，开展外籍人才出入境管理改革试点，对符合条件的外籍人才简化永久居留、签证等办理流程，让北京真正成为人才高地和科技创新高地
上海	上海市实施海外高层次人才引进计划的意见	2010	用5~10年时间，围绕国家重大战略和上海重点发展战略目标的人才需求，引进一批紧缺急需的海外高层次人才，并争取其中一批引进人才入选中央"高端人才"。在符合条件的企业、高等院校、科研院所、园区，建立20~30个市级海外高层次人才创新创业基地；并争取其中一批基地建设成为国家级海外高层次人才创新创业基地。支持人才基地进行更加大胆的体制机制探索，将有关投融资、股权激励、成果转化等方面的政策在人才基地先行先试，营造宽松环境，把基地建设成为海外高层次人才最能发挥作用、最能产生效益的"人才特区"。继续发挥现有各类人才支持计划的作用，形成分层分类的优秀人才引进、培育平台

国家层面及地区	政策名称	开始年份	政策具体内容
江苏省	《江苏省高层次创新创业人才引进计划》	2007	围绕江苏省优先发展的重点产业,每年面向海内外引进高层次创新创业人才,一次性给予每人100万元的资金支持
	《江苏省万名海外高层次人才引进计划实施意见》	2008	计划在2008—2012年引进10000名以上海外高层次人才。其中,集聚50名左右具有世界领先水平的科学家和科技领军人才,500名左右创新创业拔尖人才,5000名以上拥有一定自主知识产权和科技成果的高技术人才,5000名以上具有博士学位或高级专业技术职称的高素质人才
	《江苏省海外高层次人才居住证制度暂行办法》	2011	将身份证件功能与享受优惠政策有机结合,既解决海归人才在工作、生活中的市民待遇问题,又为他们创新创业提供诸多便利,持证可以享受参加学术组织、申请政府奖励以及职称评定、购房、社会保障等一系列优惠政策
浙江	《关于实施"海鸥计划"、完善省"千人计划"人才引进体系的意见》	2011	按照引进海外高层次人才必须坚持长期项目为主、短期项目为辅的原则,对符合省"千人计划"条件而又只能以短期形式(每年在省内时间2个月以上,6个月以下,连续3年以上)来浙江工作的海外高层次人才,实行"海鸥计划"。对入选"海鸥计划"的人才,浙江省财政将给予每人50万元的一次性省科学技术人才奖励,并根据引进人才实际需要,为其办理出入境、保险等手续。"海鸥计划"引进人才在合同期满后或合同期内申请全职来浙工作的,在签订连续3年以上全职聘用合同后,经用人单位提出申请,报省专项办同意,纳入省"千人计划"联系管理,省财政再为其发放50万元的省科学技术人才奖励,并按规定落实其他待遇

附录一　我国国家层面及主要地区吸引海外人才的政策汇总

国家层面及地区	政策名称	开始年份	政策具体内容
广东	广东珠江人才计划	2009	用 5~8 年，引进 500 名能够突破关键技术、带动新兴学科、发展高新产业的高层次人才，特别是应用型创新创业领军人才。要坚持以用为本，充分发挥现有人才的作用，让各类人才各得其所、用当其时、才尽其用。要统筹抓好高技能人才、农村实用人才、企业经营管理人才、社会发展重点领域人才、青年人才、非公人才队伍建设，加强区域人才开发工作，促进人才协调发展
	深圳特区"孔雀计划"	2010	纳入"孔雀计划"的海外高层次人才，可享受 160 万元至 300 万元的奖励补贴，并享受居留和出入境、落户、子女入学、配偶就业、医疗保险等方面的待遇政策。对于引进的世界一流团队给予最高 8000 万元的专项资助，并在创业启动、项目研发、政策配套、成果转化等方面支持海外高层次人才创新创业

附录二

2004—2016 年中国企业实施跨国并购的样本

股票代码	并购宣告日	并购企业所属行业	注册资本：元	目标企业	目标企业所在地
000410	10/29/2004	通用设备制造业	545 470 884. 00	Schiess AG	Germany
000972	03/11/2004	农副食品加工业	482 053 329. 00	Conserve de Provence SAS	France
600028	03/29/2004	石油和天然气开采业	89 665 582 047. 00	Ceylon Petroleum – Stations	Sri Lanka
600188	06/18/2004	煤炭开采和洗选业	4 918 400 000. 00	RAG AG – Coke Plant	Germany
600188	10/11/2004	煤炭开采和洗选业	4 918 400 000. 00	Gympie – Southland CoalAsts	Australia
600319	09/28/2004	化学原料及化学制品制造业	315 594 000. 00	LANXESS AG – Plant, Baytown，TX	United States
600843	05/10/2004	专用设备制造业	448 886 777. 00	Duerkopp Adler AG	Germany

续表

股票代码	并购宣告日	并购企业所属行业	注册资本：元	目标企业	目标企业所在地
600028	03/02/2005	石油和天然气开采业	89 665 582 047.00	ZAO Tomskaya Neft	Russian Fed
600637	11/09/2005	电信、广播电视和卫星传输服务	1 113 736 075.00	Pan TV Ltd	Australia
600028	06/20/2006	石油和天然气开采业	89 665 582 047.00	OAO Udmurtneft	Russian Fed
600839	09/08/2006	计算机、通信和其他电子设备制造业	4 616 244 222.00	China Data Bdcstg Hldg Ltd	Hong Kong
000039	06/26/2007	金属制品业	2 662 396 051.00	Burg Industries BV	Netherlands
600016	10/07/2007	货币金融服务	28 365 585 227.00	UCBH Holdings Inc	United States
600177	11/06/2007	纺织服装、服饰业	2 226 611 695.00	Kellwood Co – Smart Shirts Bus	Hong Kong
600365	08/30/2007	酒、饮料和精制茶制造业	140 000 000.00	Vitibev Farms Ltd	Canada
600797	01/27/2007	软件和信息技术服务业	842 008 495.00	Comtech Global Engineering & Management Services Limited	Hong Kong
601398	08/29/2007	货币金融服务	349 618 757 526.00	Seng Heng Bank	Macau
601398	10/25/2007	货币金融服务	349 618 757 526.00	Standard Bank Group Ltd	United States

续表

股票代码	并购宣告日	并购企业所属行业	注册资本：元	目标企业	目标企业所在地
000060	12/09/2008	有色金属冶炼及压延加工业	2 062 940 880.00	Perilya Ltd	Australia
000876	07/28/2008	农副食品加工业	1 737 669 610.00	Inner Mongolia Feichangniu	Mongolia
000982	11/19/2008	纺织业	1 805 043 279.00	Todd & Duncan Ltd	United Kingdom
600028	09/25/2008	石油和天然气开采业	89 665 582 047.00	Tanganyika Oil Co Ltd	Canada
600036	06/02/2008	货币金融服务	25 219 845 601.00	Wing Lung Bank Ltd	Hong Kong
600500	01/21/2008	化学原料及化学制品制造业	1 437 589 571.00	Monsanto Co – Butachlor	India
600962	07/18/2008	酒、饮料和精制茶制造业	262 210 000.00	New Lakeside Holdings Ltd	Singapore
601088	08/14/2008	煤炭开采和洗选业	19 889 620 455.00	New South Wales – Coal Expl	Australia
601168	05/05/2008	有色金属矿采选业	2 383 000 000.00	FerrAus Ltd	Australia
601600	05/05/2008	有色金属冶炼及压延加工业	13 524 487 892.00	Toromocho Copper Project	Peru
601628	03/24/2008	保险业	28 264 705 000.00	Visa Inc	United States
000758	03/27/2009	有色金属矿采选业	984 689 212.00	Terramin Australia Ltd	Australia
000887	09/19/2009	橡胶和塑料制品业	1 072 401 739.00	Buckhorn Rubber – Fixedasts	United States

续表

股票代码	并购宣告日	并购企业所属行业	注册资本：元	目标企业	目标企业所在地
002024	12/30/2009	零售业	7 383 043 150.00	Citicall Retail Management Ltd	Hong Kong
002070	10/30/2009	纺织业	488 660 120.00	SAIC Velcorex – Assets	France
600005	05/19/2009	汽车制造业	2 000 000 000.00	MMX Mineracao e Metalicos SA	Brazil
600188	08/13/2009	煤炭开采和洗选业	4 918 400 000.00	Felix Resources Ltd	Australia
600337	01/05/2009	家具制造业	646 810 419.00	Schnadig Corp	United States
600366	12/16/2009	计算机、通信和其他电子设备制造业	514 497 750.00	Nikko Electric Industry Co Ltd	Japan
600432	04/11/2009	有色金属冶炼及压延加工业	1 603 723 916.00	Liberty Mines Inc	Canada
600497	12/14/2009	有色金属矿采选业	1 667 560 890.00	Selwyn Resources Ltd – Mineral	Canada
600580	03/04/2009	电气机械及器材制造业	1 110 527 236.00	Eldrives RC	Italy
600884	05/29/2009	电气机械及器材制造业	410 858 247.00	Heron Resources Ltd	Australia
601318	08/13/2009	保险业	7 916 142 092.00	Sensible Ast Mgt Hong Kong Ltd	Hong Kong

续表

股票代码	并购宣告日	并购企业所属行业	注册资本：元	目标企业	目标企业所在地
601398	06/04/2009	货币金融服务	349 618 757 526.00	Bank of East Asia（Canada）	Canada
601398	09/29/2009	货币金融服务	349 618 757 526.00	ACL Bank PCL	Thailand
601808	11/05/2009	开采辅助活动	4 771 592 000.00	Statoilhydro ASA – US Assets	United States
601857	08/24/2009	石油和天然气开采业	183 020 977 818.00	INEOS Group Ltd – European	France
000527	04/29/2010	电气机械及器材制造业	3 384 347 650.00	Miraco	Egypt
000758	12/23/2010	有色金属矿采选业	984 689 212.00	Terramin Australia Ltd	Australia
002079	12/31/2010	计算机、通信和其他电子设备制造业	726 286 687.00	Miradia Inc	United States
002220	01/28/2010	农副食品加工业	464 727 200.00	HOKUDAI TRADING Co Ltd	Japan
002295	11/02/2010	有色金属冶炼及压延加工业	211 800 000.00	Favour Intl Dvlp Ltd	Hong Kong
002315	09/16/2010	互联网和相关服务	117 500 000.00	TaiwanWenbi Intl Co Ltd – Asset	Taiwan
600018	04/21/2010	水上运输业	22 755 179 650.00	APM Terminals Zeebrugge NV	Belgium
600028	09/28/2010	石油和天然气开采业	89 665 582 047.00	Caspian Invest Resources Ltd	Kazakhstan
600028	10/01/2010	石油和天然气开采业	89 665 582 047.00	Repsol YPF Brasil SA	Brazil

续表

股票代码	并购宣告日	并购企业所属行业	注册资本：元	目标企业	目标企业所在地
600028	12/03/2010	石油和天然气开采业	89 665 582 047. 00	Chevron Corp – Gas Block	Indonesia
600028	12/10/2010	石油和天然气开采业	89 665 582 047. 00	Occidental Argentina Expl	Argentina
600028	12/22/2010	石油和天然气开采业	89 665 582 047. 00	Hupecol Caracara LLC	Colombia
600309	06/30/2010	化学原料及化学制品制造业	2 162 334 720. 00	BorsodChem Zrt	Hungary
600531	04/19/2010	有色金属冶炼及压延加工业	295 250 776. 00	Kimberley Metals Ltd	Australia
600597	07/18/2010	食品制造业	1 224 597 659. 00	Synlait Milk Ltd	New Zealand
600797	03/24/2010	软件和信息技术服务业	842 008 495. 00	SOLXYZ Co Ltd	Japan
601088	05/06/2010	煤炭开采和洗选业	19 889 620 455. 00	Centennial Coal Co Ltd	Australia
601398	10/29/2010	货币金融服务	349 618 757 526. 00	Fortis Securities – Prime Svcs	United States
601628	03/12/2010	保险业	28 264 705 000. 00	Iron Mining Intl（Mongolia）	Mongolia
601808	03/14/2010	开采辅助活动	4 771 592 000. 00	Bridas Corp	Argentina
601899	04/15/2010	有色金属矿采选业	2 164 585 565. 00	Inter – Citic Minerals Inc	Canada
000528	01/20/2011	专用设备制造业	1 125 242 136. 00	Huta Stalowa Wola SA Oddzial I	Poland

续表

股票代码	并购宣告日	并购企业所属行业	注册资本：元	目标企业	目标企业所在地
000623	04/07/2011	医药制造业	894 438 433.00	Vital Therapies Inc	United States
000758	08/01/2011	有色金属矿采选业	984 689 212.00	Terramin Australia Ltd	Australia
000852	09/19/2011	专用设备制造业	400 400 000.00	PDC Logic LLC	United States
002004	12/07/2011	化学原料及化学制品制造业	568 052 770.00	CCAB Agro SA	Brazil
002011	10/25/2011	通用设备制造业	837 937 460.00	Microstaq Inc	United States
002051	12/21/2011	土木工程建筑业	637 202 779.00	Procon Holdings(Alberta)Inc	Canada
002405	01/15/2011	软件和信息技术服务业	691 596 710.00	Mapscape BV	Netherlands
300049	01/17/2011	医药制造业	125 060 000.00	Echosens SA	France
300094	07/09/2011	渔业	352 000 000.00	S. S. C Inc	UnitedStates
600028	02/25/2011	石油和天然气开采业	89 665 582 047.00	Australia Pacific LNG Pty Ltd	Australia
600030	06/09/2011	资本市场服务	11 016 908 400.00	CLSA Ltd	Hong Kong
600079	07/15/2011	医药制造业	528 777 222.00	PuraCap Pharmaceutical LLC	United States
600221	12/02/2011	航空运输业	6 091 090 895.00	Aigle Azur Transports Aeriens	France
600346	10/28/2011	专用设备制造业	241 000 000.00	BUZULUK as	Czech Republic

续表

股票代码	并购宣告日	并购企业所属行业	注册资本：元	目标企业	目标企业所在地
600432	11/30/2011	有色金属冶炼及压延加工业	1 603 723 916.00	Goldbrook Ventures Inc	Canada
600478	01/31/2011	电气机械及器材制造业	314 823 465.00	Shonan Energy Co Ltd	Japan
600703	01/24/2011	计算机、通信和其他电子设备制造业	1 444 013 776.00	Crystal IS Inc	United States
600962	12/06/2011	酒、饮料和精制茶制造业	262 210 000.00	New Lakeside Holdings Ltd	Singapore
601398	01/22/2011	货币金融服务	349 618 757 526.00	Bank of East Asia (USA) NA	United States
601398	08/04/2011	货币金融服务	349 618 757 526.00	Standard Bank Argentina SA	Argentina
000338	08/31/2012	汽车制造业	1 999 309 639.00	KION Group GmbH	Germany
000404	04/16/2012	通用设备制造业	559 623 953.00	Cubigel Compressors SA	Spain
000566	11/07/2012	医药制造业	495 189 948.00	SinoMab Bioscience Ltd	Hong Kong
000709	04/13/2012	黑色金属冶炼及压延加工业	10 618 607 367.00	Alderon Iron Ore Corp	Canada
002008	10/29/2012	专用设备制造业	1 044 396 600.00	GSI Group – Semiconductors	United States

续表

股票代码	并购宣告日	并购企业所属行业	注册资本：元	目标企业	目标企业所在地
002281	12/04/2012	计算机、通信和其他电子设备制造业	186 181 377.00	Ignis Photonyx A/S	Denmark
002345	12/18/2012	其他制造业	422 555 600.00	Zeppelin Tech Holdings Ltd	Hong Kong
002399	10/16/2012	医药制造业	800 200 000.00	ProMetic Life Sciences Inc	Canada
002467	04/28/2012	互联网和相关服务	241 267 000.00	iTalk Global Communications	United States
002567	02/18/2012	农副食品加工业	420 786 000.00	Hong Kong Daye Invest Co Ltd	Hong Kong
002621	03/14/2012	专用设备制造业	225 000 000.00	Drossbach – Part Bankruptcy Asts	Germany
002649	08/20/2012	软件和信息技术服务业	150 000 000.00	Achievo Japan Co Ltd	Japan
300027	11/20/2012	广播、电视、电影和影视录音制作业	604 800 000.00	GDC Technology Ltd	Hong Kong
300157	11/28/2012	开采辅助活动	184 663 742.00	Anterra Energy Inc	Canada
300192	05/22/2012	化学原料及化学制品制造业	242 550 000.00	Brancher SAS	France
300247	02/08/2012	电气机械及器材制造业	245 250 000.00	Saunalux GmbH Products & Co KG	Germany

续表

股票代码	并购宣告日	并购企业所属行业	注册资本：元	目标企业	目标企业所在地
600497	11/10/2012	有色金属矿采选业	1 667 560 890.00	Empresa Minera Yang Fan SA	Bolivia
600699	03/30/2012	汽车制造业	579 048 475.00	Preh Holding GmbH	Germany
601899	04/03/2012	有色金属矿采选业	2 164 585 565.00	Norton Gold Fields Ltd	Australia
000060	07/25/2013	有色金属冶炼及压延加工业	2 062 940 880.00	Corporacion Minera Dominicana	Dominican Rep
000157	12/20/2013	专用设备制造业	7 705 954 050.00	m – tec mathis technik gmbh	Germany
000338	06/03/2013	汽车制造业	1 999 309 639.00	KION Group GmbH	Germany
002073	08/13/2013	专用设备制造业	742 365 000.00	Test Measurement Systems Inc	United States
002255	06/14/2013	通用设备制造业	258 200 000.00	Raschka Holding AG	Switzerland
002399	12/26/2013	医药制造业	800 200 000.00	Scientific Protein Lab	United States
002510	01/23/2013	汽车制造业	411 520 000.00	GIW Gesells – chaft für – Assets	Germany
002611	10/15/2013	专用设备制造业	362 870 000.00	Fosber S. p. A.	Italy
300005	08/14/2013	纺织服装、服饰业	352 658 332.00	Asiatravel. com Holdings Ltd	Singapore
300078	04/15/2013	计算机、通信和其他电子设备制造业	167 500 000.00	Comercial GL Group SA	Chile

续表

股票代码	并购宣告日	并购企业所属行业	注册资本：元	目标企业	目标企业所在地
300209	12/09/2013	软件和信息技术服务业	160 000 000.00	MBP Software Group Ltd	Hong Kong
600175	07/12/2013	批发业	1 390 779 254.00	Woodbine Acquisition LLC	United States
600458	12/11/2013	橡胶和塑料制品业	517 341 440.00	ZF – Rubber & Plastics Business	Germany
600843	07/08/2013	专用设备制造业	448 886 777.00	KSL Keilmann	Germany
601857	02/20/2013	石油和天然气开采业	183 020 977 818.00	Poseidon Gas Field, WA	Australia
000976	12/05/2014	化学纤维制造业	586 642 796.00	Tong Dai Control (HongKong)	Hong Kong
002185	11/15/2014	计算机、通信和其他电子设备制造业	649 808 000.00	Flip Chip International LLC	United States
002241	10/21/2014	计算机、通信和其他电子设备制造业	848 016 733.00	Dynaudio A/S	Denmark
002273	11/18/2014	计算机、通信和其他电子设备制造业	250 271 000.00	Optorun Co Ltd	Japan
002456	03/26/2014	计算机、通信和其他电子设备制造业	465 080 000.00	Digital Optics Corp – EquipAsts	United States

续表

股票代码	并购宣告日	并购企业所属行业	注册资本：元	目标企业	目标企业所在地
002635	08/05/2014	计算机、通信和其他电子设备制造业	180 000 000.00	Supernova Hldg（Singapore）Pte	Singapore
300195	07/25/2014	专用设备制造业	170 426 189.00	Heidelberger – Packaging Assets	Germany
300323	04/18/2014	计算机、通信和其他电子设备制造业	300 000 000.00	Semicon Light Co Ltd	South Korea
600146	10/18/2014	化学原料及化学制品制造业	200 000 000.00	Oneworld Star Intl Hldg Ltd	Hong Kong
600196	06/26/2014	医药制造业	2 240 462 364.00	Natures Sunshine Products Inc	United States
600682	04/12/2014	零售业	358 321 685.00	Highland Group Holdings Ltd	United Kingdom
601398	01/29/2014	货币金融服务	349 618 757 526.00	Standard Bank PLC	United Kingdom
601398	04/29/2014	货币金融服务	349 618 757 526.00	Tekstil Bankasi AS	Turkey
000002	11/11/2015	房地产业	10 995 210 218.00	The Stage Shoreditch LLP	United Kingdom
000333	08/20/2015	电气机械及器材制造业	1 686 323 389.00	KUKA AG	Germany
000415	07/14/2015	租赁业	1 774 303 476.00	Avolon Holdings Ltd	Ireland – Rep
000503	03/31/2015	互联网和相关服务	898 822 204.00	The Green Board Game Co	United Kingdom

· 203 ·

续表

股票代码	并购宣告日	并购企业所属行业	注册资本：元	目标企业	目标企业所在地
000636	09/22/2015	计算机、通信和其他电子设备制造业	670 966 312.00	Viking Tech Corp	Taiwan
000676	09/23/2015	电气机械及器材制造业	314 586 699.00	Spigot Inc	United States
002020	08/25/2015	医药制造业	286 450 919.00	Pharmula Laboratories LLC	United States
002022	08/20/2015	医药制造业	492 277 500.00	Altergon Italia – Diagno Bus Ass	Italy
002055	03/12/2015	计算机、通信和其他电子设备制造业	414 512 080.00	Meta System SpA	Italy
002126	12/29/2015	汽车制造业	326 590 000.00	Thermal Dynamics International	United States
002261	07/30/2015	软件和信息技术服务业	283 443 841.00	GAE Inc	Japan
002315	11/11/2015	互联网和相关服务	117 500 0C0.00	TRI Holdings Inc	United States
002460	07/16/2015	有色金属冶炼及压延加工业	178 272 275.00	Reed Industrial Minerals Pty	Australia
002611	06/18/2015	专用设备制造业	362 870 000.00	Ferretto Group SpA	Italy
002637	09/21/2015	化学原料及化学制品制造业	160 000 000.00	Dua Kuda Indonesia PT	Indonesia

续表

股票代码	并购宣告日	并购企业所属行业	注册资本：元	目标企业	目标企业所在地
300130	08/31/2015	专用设备制造业	114 300 000.00	Exadigm Inc	United States
300168	09/01/2015	软件和信息技术服务业	487 134 400.00	Healthcare Bus Intelligence	United States
300252	01/28/2015	电气机械及器材制造业	163 444 227.00	PC Specialties – China LLC	United States
300388	10/15/2015	生态保护和环境治理业	88 226 542.00	Goodtech Environment AS	Norway
600028	09/03/2015	石油和天然气开采业	89 665 582 047.00	SIBUR Holding	Russian Fed
600030	01/30/2015	资本市场服务	11 016 908 400.00	KVB Kunlun Financial Group Ltd	Hong Kong
600122	02/18/2015	零售业	1 141 589 600.00	IDT International Ltd	Hong Kong
600267	03/31/2015	医药制造业	839 709 058.00	IMD Natural Solutions GmbH	Germany
600626	12/18/2015	批发业	710 242 816.00	Perfect Fit Industries LLC	United States
600655	11/11/2015	零售业	1 437 321 976.00	Hoshino Resorts Tomamu,	Japan
600721	01/21/2015	石油加工、炼焦及核燃料加工工业	268 851 955.00	Chateau De La Bastide SARL	France
600835	10/20/2015	通用设备制造业	1 022 739 308.00	CTU Clean Tech Universe AG	Switzerland
600867	08/06/2015	医药制造业	776 212 521.00	Bionime Corp	Taiwan

续表

股票代码	并购宣告日	并购企业所属行业	注册资本：元	目标企业	目标企业所在地
601100	11/12/2015	专用设备制造业	630 000 000.00	HAWE InLine Hydraulik GmbH	Germany
601886	07/31/2015	建筑装饰和其他建筑业	560 000 000.00	Vision EyeInstitute Ltd	Australia
603077	06/29/2015	化学原料及化学制品制造业	1 011 094 850.00	Stockton Israel Ltd	Israel
000002	09/07/2016	房地产业	10 995 210 218.00	Ryder Court, London	United Kingdom
000063	01/29/2016	计算机、通信和其他电子设备制造业	3 437 541 278.00	Enablence Technologies Inc	Canada
000333	06/21/2016	电气机械及器材制造业	1 686 323 389.00	Clivet SpA	Italy
000338	12/12/2016	汽车制造业	1 999 309 639.00	Kion Group AG	Germany
000709	04/18/2016	黑色金属冶炼及压延加工业	10 618 607 367.00	Smederevo dp	Serbia
000725	02/03/2016	计算机、通信和其他电子设备制造业	13 521 542 341.00	Varitronix International Ltd	Hong Kong
000901	01/19/2016	铁路、船舶、航空航天和其他运输设备制造业	250 359 122.00	Navilight SARL	Luxembourg

续表

股票代码	并购宣告日	并购企业所属行业	注册资本：元	目标企业	目标企业所在地
002079	09/19/2016	计算机、通信和其他电子设备制造业	726 286 687.00	AIC Semiconductor Sdn Bhd	Malaysia
002085	02/01/2016	汽车制造业	390 098 968.00	Paslin Co	United States
002086	01/08/2016	渔业	243 850 000.00	Avioq Inc	United States
002153	08/11/2016	软件和信息技术服务业	309 120 000.00	Hetras Deutschland GmbH	Germany
002174	03/02/2016	家具制造业	275 709 972.00	Four Link Systems Inc	Japan
002174	03/22/2016	家具制造业	275 709 972.00	Bigpoint GmbH	Germany
002176	08/10/2016	电气机械及器材制造业	523 157 908.00	Energietechnik GmbH	Austria
002230	05/16/2016	软件和信息技术服务业	800 870 596.00	sinewave	Japan
002249	07/27/2016	电气机械及器材制造业	716 027 850.00	Ballard Power Systems Inc	Canada
002280	09/15/2016	软件和信息技术服务业	107 000 000.00	Newegg Inc	United States
002384	02/04/2016	金属制品业	384 000 000.00	Multi - Fineline Electronix Inc	United States
002415	05/19/2016	计算机、通信和其他电子设备制造业	2 008 611 611.00	Pyronix Ltd	United Kingdom
002506	03/15/2016	计算机、通信和其他电子设备制造业	843 520 000.00	One Stop Warehouse Pty Ltd	Australia

续表

股票代码	并购宣告日	并购企业所属行业	注册资本：元	目标企业	目标企业所在地
002590	06/04/2016	汽车制造业	206 281 400. 00	Protean Holdings Corp	United States
002615	02/09/2016	金属制品业	91 200 000. 00	SIGG Switzerland AG	Switzerland
002626	06/15/2016	食品制造业	288 000 000. 00	Doctor's Best Inc	United States
002678	01/19/2016	文教、工美、体育和娱乐用品制造业	956 000 000. 00	Schimmel Pianofortefabik	Germany
002684	04/18/2016	电气机械及器材制造业	53 076 000. 00	Dragonfly Energy Corp	United States
002684	11/22/2016	电气机械及器材制造业	53 076 000. 00	Lionano Inc	United States
002701	08/04/2016	金属制品业	613 340 000. 00	AJA Football SA	France
300143	06/06/2016	农业	147 400 000. 00	Global System Ltd	Hong Kong
300262	07/08/2016	土木工程建筑业	266 800 000. 00	Larive Water Holding AG	Switzerland
300279	06/13/2016	电气机械及器材制造业	120 000 000. 00	BoCo Co Ltd	Japan
300284	06/03/2016	专业技术服务业	501 489 900. 00	TestAmerica Enviromental Svcs	United States
300284	07/18/2016	专业技术服务业	501 489 900. 00	Eptisa Servicios de Ingenieria	Spain
300348	03/23/2016	软件和信息技术服务业	56 310 500. 00	Cedar Plus Sdn Bhd	Malaysia

续表

股票代码	并购宣告日	并购企业所属行业	注册资本：元	目标企业	目标企业所在地
300362	02/06/2016	通用设备制造业	102 731 579.00	Bilfinger SE – Water Tech Unit	Germany
300418	08/10/2016	互联网和相关服务	280 000 000.00	Starmaker Interactive Inc	United States
600068	07/01/2016	土木工程建筑业	3 487 458 977.00	Electroingenieria SA	Argentina
600146	10/11/2016	化学原料及化学制品制造业	200 000 000.00	Oneworld Star International	United States
600310	12/15/2016	电力、热力生产和供应业	275 925 000.00	Fire Power Plant	India
600682	07/01/2016	零售业	358 321 685.00	Cordlife Group Ltd	Singapore
600690	01/15/2016	电气机械及器材制造业	2 695 909 540.00	General Electric Co – Appl Bus	United States
600751	02/17/2016	水上运输业	492 648 820.00	Ingram Micro Inc	United States
600886	02/25/2016	电力、热力生产和供应业	3 587 577 747.00	Repsol Nuevas Energias UK Ltd	United Kingdom
600886	06/01/2016	电力、热力生产和供应业	3 587 577 747.00	Lestari Listrik Pte Ltd	Singapore

续表

股票代码	并购宣告日	并购企业所属行业	注册资本：元	目标企业	目标企业所在地
600887	01/09/2016	食品制造业	1 870 858 000.00	Yogurt Holding (Cayman) Ltd	Hong Kong
601186	11/16/2016	土木工程建筑业	12 337 541 500.00	Rimfire Constrs (Resources)	Australia
601388	01/06/2016	有色金属冶炼及压延加工业	533 000 000.00	Metalico Inc	United States
601398	05/16/2016	货币金融服务	349 618 757 526.00	Barclays PLC – Precious Metals	United Kingdom
601727	05/25/2016	通用设备制造业	12 823 626 660.00	Manz AG	Germany
601800	11/25/2016	土木工程建筑业	16 174 735 425.00	Concremat Engenharia e Tecnologia	Brazil
601877	01/28/2016	电气机械及器材制造业	1 005 000 000.00	Grabat Energy SL	Spain
603222	05/23/2016	医药制造业	320 000 000.00	Linear Chemicals SL	Spain
603318	10/01/2016	专用设备制造业	365 250 000.00	RMG Messtechnik GmbH	Germany
603766	11/17/2016	铁路、船舶、航空航天和其他运输设备制造业	800 000 000.00	CMD Costruzioni Motori Diesel	Italy
603993	05/09/2016	有色金属矿采选业	1 015 234 105.00	Freeport – McMo Ran DRC Hldg Ltd	Dem Rep Congo

后　记

本书是在我博士论文基础上形成的一本专著。在完成博士论文答辩之后的一段时间，我压根就没有再正视过博士论文，其中的滋味，一时难以言表。直至今年年初，我重拾起曾经耗费我几年心血的博士论文，发现它仍然是一件"半成品"，存在很多疏漏，于是心有不甘，继续打磨；并结合后续的研究，补充了若干内容，也算是完成了一个心愿。

在我的第一本书付梓之际，感慨颇多。首先，感谢我的恩师彭纪生教授。彭老师领我走进学术之门，彭老师不仅具有敏锐的科研洞察力，更具有严谨的治学风格，也能够将问题进行深入浅出的分析。本书从选题到框架的构建，彭老师都倾注了大量的心血，这些都历历在目；在生活中，老师是一位和蔼可亲、平易近人的父辈，总是能站在我的角度替我思考，由于读博期间还要承担单位的教学工作，老师在组织讨论会时总是关切地询问我的时间安排。另外，老师对我的不足之处给予了足够的宽容，特别是自己学术基础薄弱，面对各种学术困难，老师总是鼓励我不要惧怕困难，努力就会有回报，老师的宽容促进了我的进步。

其次，我要感谢商学院的贾良定老师，贾老师的鼓励和帮助成就了我攻读博士学位的勇气和机会，贾老师做世界一流学术的科研态度和对学术的执着精神，也是我终身学习的榜样！非常感谢刘春林教授在研讨课中给予的建议和指导，同时也非常感谢张正堂教授、杨东涛教授提出的宝贵意见，这在某种程度上也优化了本书框架，改进了我的研究方法，让我少走了弯路，受益匪浅。

再次，本书的完成同样离不开身边同门师兄妹的帮助，师门是一个温暖的大家庭，在我遇到困难时，师兄师姐师弟师妹给予了我无私的帮助。感谢仲为国师兄，师兄在该书最初选题的确定、框架和模型的建立以及数据的处理过程中都给予了悉心指导；感谢宋宝香师姐、张珣师姐和王洪青在百忙之中提出了很多修改意见；感谢师妹唐天真教会了我很多数据处理的方法，还有刘夏怡师弟、涂海银等师弟师妹在写作中给予的帮助和建议。

　　还要感谢同窗好友王芳、张帆、吴颖宣、庞晓萍、刘德鹏、彭征安等同学在博士阶段和写作中给予的帮助和支持，你们是我完成博士论文以及该书不可多得的社会资本。

　　另外，特别感谢我的工作单位南京晓庄学院商学院的领导和同事，院长赵彤教授在我攻读博士学位以及本书的出版中给予充分的支持和帮助，并不时敦促我修改我的博士论文，感谢教务办老师在我读博期间帮助我协调上课的时间，感谢教研室每一位和善可亲的同事，在我需要时总能伸出援助之手。

　　最后，要特别感谢我的家人，我的父母帮我承担了大量的家务琐事，让我能够安心求学研究；感谢我的先生，在我陷入困境时帮我树立自信，在我写作迷茫时帮我厘清思路，你的鼓励和支持是我完成论文的动力；感谢我亲爱的女儿，一直以来独立懂事，使我能够集中精力完成该项研究。

梅锦萍

2021 年 10 月于南京